改訂2版

ゼロからはじめる

相続

必ず知っておきたいこと

100

公認会計士・税理士
［編著］深代勝美
税理士法人
［著］深代会計事務所

あさ出版

はじめに

私たちの会計事務所には、毎日10件以上、資産税や遺言、相続に関するご相談が寄せられます。少なくとも、これまで6万件近くのご相談を受けてきました。

本書は、長年、資産税・相続税に強い会計事務所として仕事をさせていただいてきたなかで、読者のみなさまが、相続に関して困られたり、疑問に思われたりする点について、本当に必要なポイントだけを、コンパクトに、できるだけわかりやすく解説したものです。

令和2年（2020年）7月10日に自筆証書遺言の保管制度がスタートしましたが、2018年の民法（相続法）の他の改正（自筆証書遺言方式の緩和、銀行口座停止時の仮払制度、配偶者居住権の創設等）と税務の改正を踏まえた最新の内容となります。

私たちは、お客様がいざという時に困らないよう、事前にやっておくべき有効な相続対策について、弁護士などの専門家と、それぞれの専門分野について取り組んできました。本書に掲載されているのは、そのような実体験に基づく内容とアドバイスばかりです。

相続税対策や遺言書作成などの相続対策は、現状を知ることから、すなわち、いま手元にある資産を把握することが出発点です。事前にさまざまな準備をしておくことで、より多くの財産を家族で分け合えることになり、遺産分割も納税もスムーズに進められます。

最近は遺産分割での争いが増加していますのでなによりも、事前の準備で大事なことは、相続をめぐって家族間の争いごとが起きないように遺言書を作成することです。お金よりも大切な、家族の絆が切れてしまったら取り返しがつきません。

一方で、計画的な節税も大切です。節税には賃貸マンションの建築・購入が効果的だといわれています。それ以外にも、適切な対策を計画することで節税は可能です。相続税対策はたいして節税にならないと考える人もいるようですが、実際には、やればやっただけ、税金を納めなくて済むのです。

「相続した土地・建物などは、どのようにして評価されるか」「相続税の申告・納税の手順」「税務調査を受けない対応」――本書では、そういった点についても解説していますので、みなさまの悩みや疑問が解決する道筋が、きっと見えてくると思います。

また、近頃では、「土地の有効活用は難しい、失敗が怖い」「税務署へ提出する書類上では儲かっていることになっているが、お金は残っていない」「借入をすることに不安を感じる」といった相談が増えています。そのような方々のために、土地活用の一環としてアパート・マンション経営のポイント、失敗しないための対策、考え方なども述べました。

私たちは、顧客満足第一、そして顧客満足を生み出す職員満足第一で仕事をしています。「一度、私の事務所で仕事をして感動してみませんか？」が最近の事務所の合言葉です。

本書が、これから相続対策を検討するみなさまにとって、最適の対策が見つけられ、お役に立てば幸いです。

税理士・公認会計士　深代勝美

配偶者居住権の創設等

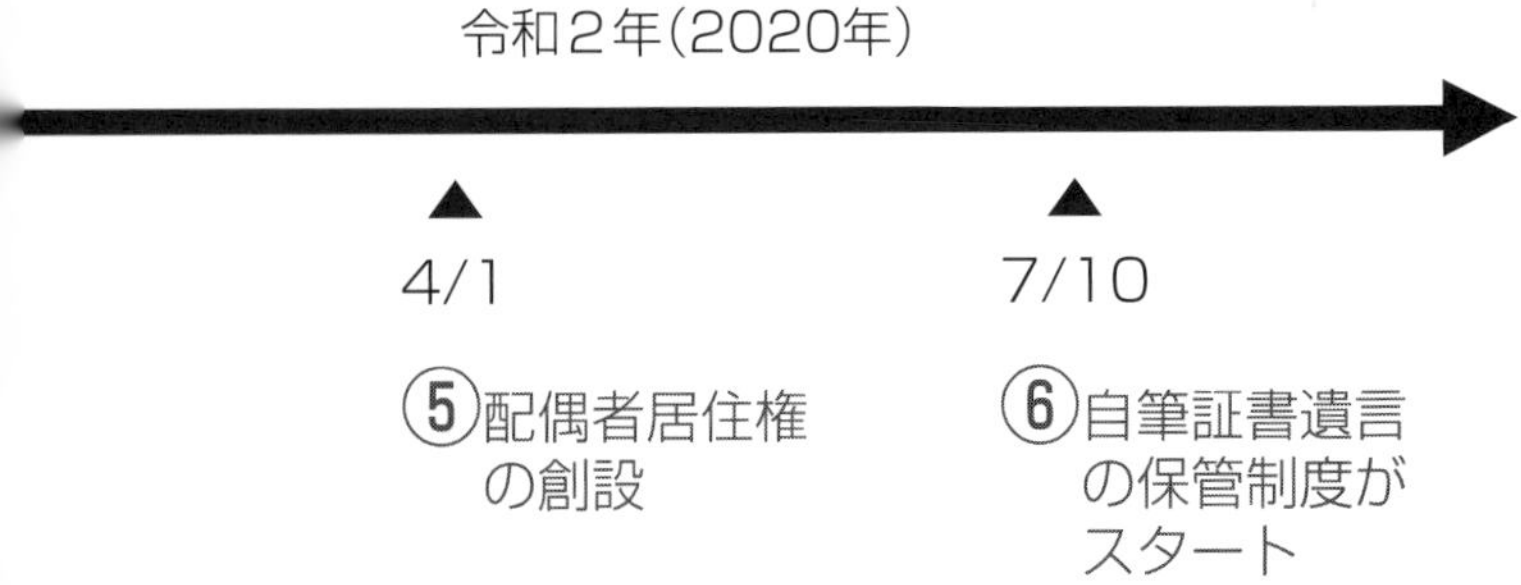

ポイント①　自筆証書遺言の方式緩和

自筆証書遺言は自分一人で作成でき、費用もかからない手軽な方法ですが、改正前では遺言者が、不動産や預金などの財産全部を手書きすることが必要でした。改正により、財産目録については手書きで作成する必要がなくなり、登記簿謄本のコピー、通帳のコピー、パソコンで作成可能になりました。

民法（相続法）改正のポイント・最新情報　①

自筆証書遺言の方式緩和・保管、

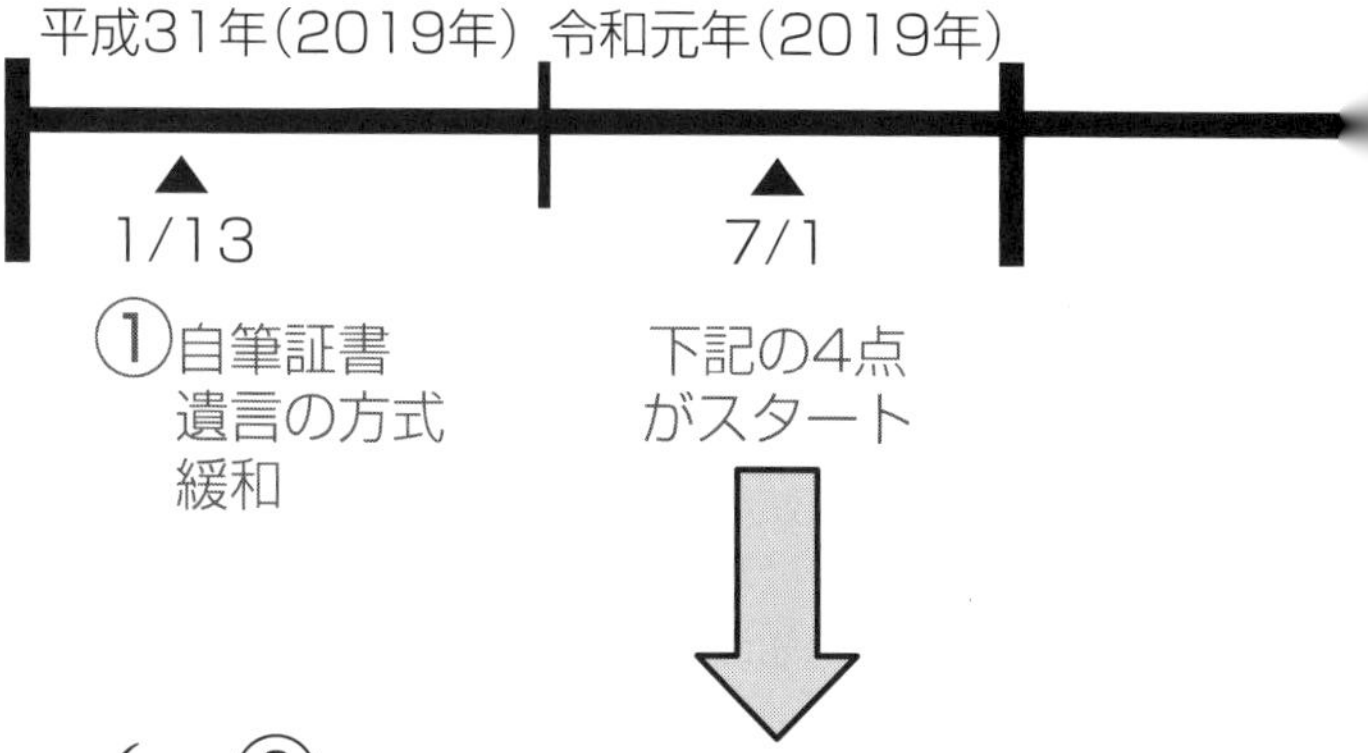

令和元年7月1日施行

- ②預金の仮払制度の創設（150万円まで）
- 婚姻期間20年以上の夫婦への不動産贈与は相続財産への加算が不要に
- 遺留分が、
  ③（1）遺留分減殺請求権から遺留分侵害額請求権へ
  ④（2）相続人への贈与が相続開始前10年間分だけに
- 相続人以外に特別寄与分を与える

ポイント⑤　配偶者居住権の創設

令和2年4月1日から配偶者居住権が創設されました。創設の目的は高齢化社会の進展で「先妻の子と後妻」との相続等、複雑な家族関係が増加されることが予想されています。そのため、実の親子ではあまり起きないでしょうが、配偶者が居住する家を相続できないなどの問題を生じさせないためです。

この結果、配偶者が居住する家屋は、配偶者居住権と子どもの配偶者居住権付所有権とに分かれることになります。

一方、税法から見た場合には、配偶者が相続した配偶者居住権は、配偶者の死亡により消滅するとされています。つまり、配偶者から子どもに相続されるのではなく消滅するので、**配偶者居住権付きの居住用財産を所有する子どもは、無税で完全なる所有権になります。**

ポイント⑥　自筆証書遺言の保管制度がスタート

令和2年7月10日から、法務局（遺言保管所）で遺言の保管がスタートしました。

従来は本人が書いた自筆証書遺言は誰もチェックしないまま相続を迎えることが多く、登記ができない遺言書が多々ありました。

自筆証書遺言の保管制度では遺言書保管官は遺言書の形式的な事項、たとえば遺言書の署名、日付のモレなど、有効性をチェックしてくれますので、登記ができない、預金が引き出せないなどの遺言が少なくなることが期待されています。

なお、**費用ですが遺言書の保管申請をする場合は3,900円です。遺言書情報証明書の交付請求する場合は1通につき1,400円になります。**

ポイント②　預金の仮払制度の創設

従来は、相続が開始すると預金が引き出せず、葬儀費用が当座の生活費に困ることがありました。しかし、預金の仮払制度により、「金融機関の預金残高× 1／3 ×法定相続分」と150万円のいずれか少ない金額は引き出せるようになりました。

ポイント③　遺留分侵害額請求権へ変更

遺留分が遺留分減殺請求権から遺留分侵害額請求権へ変更されたため、遺留分権利者は、相続財産を直接取得する物権的権利がなくなり、金銭での請求だけとなったので、遺言者が自宅と自社株式は長男に…などの特定財産を渡したいとの想いは実現します。

しかし、金銭に代えて、相続した土地を渡した場合には、代物弁済となり、税務上は譲渡取得税が課税されてしまいます。

ポイント④　相続開始前10年間分だけが対象

相続人への贈与が相続開始前10年間分だけしか民法上相続財産に加算されなくなりました。節税だけではなく遺留分対策という意味でも早めの生前贈与の開始が大事になりました。

子どもだけの場合（2次相続）

相続人 ＼ 相続額	子ども1人	子ども2人	子ども3人
5,000万円	160万円	80万円	20万円
6,000万円	310万円	180万円	120万円
7,000万円	480万円	320万円	220万円
8,000万円	680万円	470万円	330万円
9,000万円	920万円	620万円	480万円
1億円	1,220万円	770万円	630万円
1.5億円	2,860万円	1,840万円	1,440万円
2億円	4,860万円	3,340万円	2,460万円
3億円	9,180万円	6,920万円	5,460万円
4億円	14,000万円	19,200万円	8,980万円
5億円	19,000万円	15,210万円	12,980万円
10億円	45,820万円	39,500万円	35,000万円
20億円	100,820万円	93,290万円	87,760万円

父親はすでに亡く、配偶者である妻が亡くなった場合です。この場合には配偶者の税額軽減がありませんので税金は高くなります。

相続税早見表

下記の相続税早見表　相続税がかかるかチェックしていきましょう！

配偶者と子どもの場合

相続人＼相続額	配偶者＋子ども1人	配偶者＋子ども2人	配偶者＋子ども3人
5,000万円	40万円	10万円	–
6,000万円	90万円	60万円	30万円
7,000万円	160万円	113万円	80万円
8,000万円	235万円	175万円	138万円
9,000万円	310万円	240万円	200万円
1億円	385万円	315万円	263万円
1.5億円	920万円	748万円	665万円
2億円	1,670万円	1,350万円	1,218万円
3億円	3,460万円	2,860万円	2,540万円
4億円	5,460万円	4,610万円	4,155万円
5億円	7,605万円	6,555万円	5,963万円
10億円	19,750万円	17,810万円	16,635万円
20億円	46,645万円	43,440万円	41,183万円

父親が亡くなって、配偶者（妻）と子どもが相続する場合には、配偶者の税額軽減（全財産の1/2または1.6億円まで税金が非課税となります）が適用できますので税額は安くなります。

上記では配偶者が全財産の1/2を相続したものとして計算しています。

第2章 いちばん知りたい「節税編」

第4章 指摘を受けない「税務調査編」

第5章 税額が大きく変わる「財産評価編」

第6章 利用しやすい「小規模宅地の特例編」

第7章 資金難でも大丈夫「延納・物納編」

第10章 手続きがわかる「確定申告編」

第1章

争いを未然に防ぐ「遺言編」

遺産をめぐって家族間で争いごとが起きるのは避けたい――。相続法の改正により、自筆証書遺言の作成が簡単になりました。さらに保管制度ができましたので、遺言書の誤りも防止されます。ここでは、相続法改正を踏まえた遺言書の作成方法について説明します。

1

相続が開始しました。タイムスケジュールを教えてください。

相続税は死亡から10カ月以内に申告

相続については、遺言書の確認や遺産分割協議書の作成など、申告書の作成までにしなければならないことがたくさんあります。

まず大原則ではありますが、相続税の申告期限は、被相続人の死亡の日から10カ月以内です。たとえば4月1日に死亡した時は、翌年の2月1日が期限です。次に、被相続人の亡くなった年の1月1日から亡くなった日までの所得を亡くなってから4カ月以内に申告しなければいけないのですが（所得税の準確定申告）、先の例で説明すると1月1日から4月1日までの所得を、4月1日から4カ月以内の8月1日までに申告することになります。

詳しくは、次ページの表を参照してください。この表のなかにある「相続の放棄」は財産より債務が多い場合に行うもので、同じ欄内にある「限定承認」は引き継ぐ財産が債務より多いかがわからない場合に、引き継いだ財産を限度として債務を弁済する方法です。これらは、亡くなった日より3カ月以内に家庭裁判所に申述しなければなりません。

相続開始後のタイムスケジュール

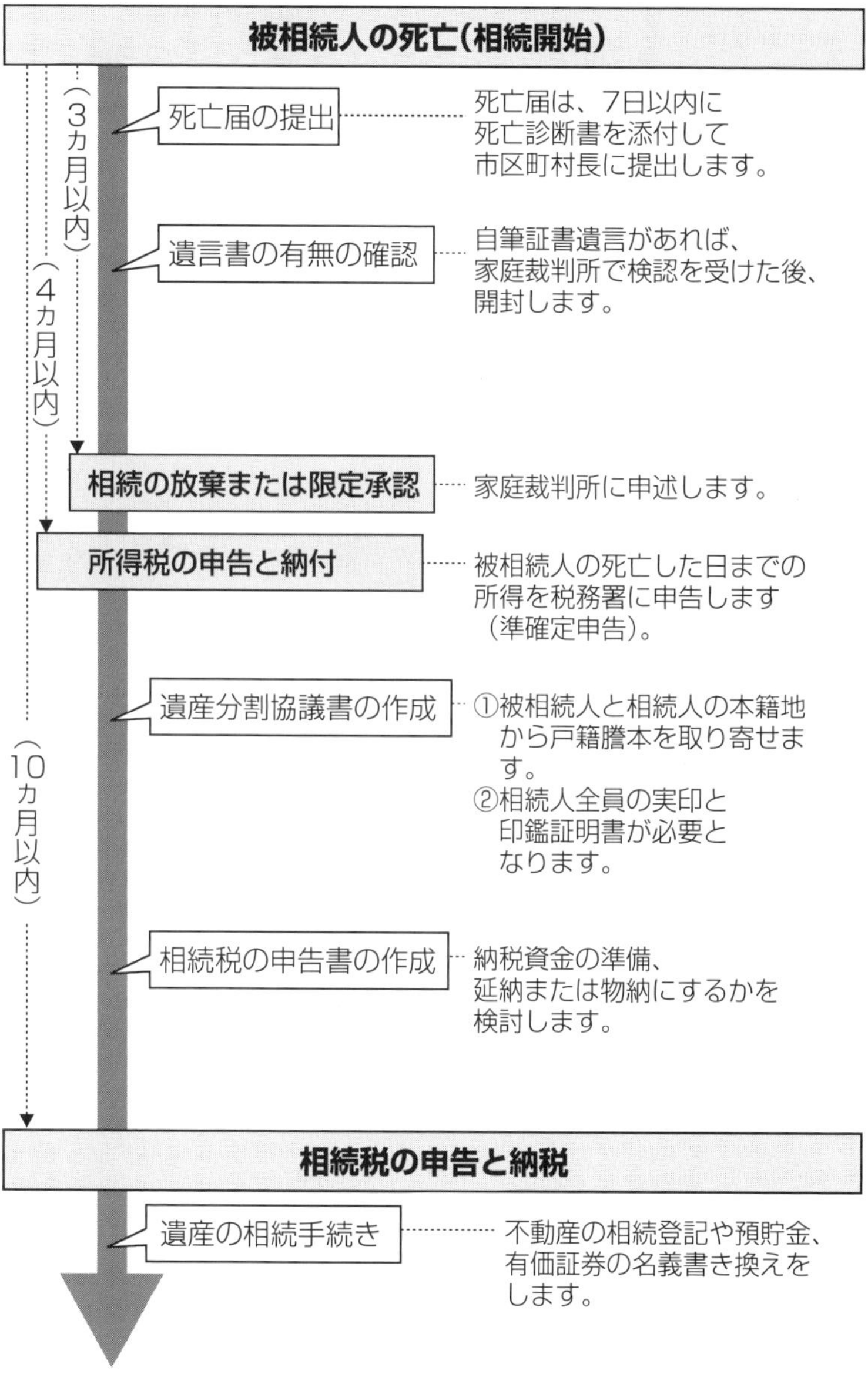

被相続人の死亡（相続開始）
（3ヵ月以内）
（4ヵ月以内）
（10ヵ月以内）
死亡届の提出
死亡届は、7日以内に死亡診断書を添付して市区町村長に提出します。
遺言書の有無の確認
自筆証書遺言があれば、家庭裁判所で検認を受けた後、開封します。
相続の放棄または限定承認
家庭裁判所に申述します。
所得税の申告と納付
被相続人の死亡した日までの所得を税務署に申告します（準確定申告）。
遺産分割協議書の作成
①被相続人と相続人の本籍地から戸籍謄本を取り寄せます。
②相続人全員の実印と印鑑証明書が必要となります。
相続税の申告書の作成
納税資金の準備、延納または物納にするかを検討します。
相続税の申告と納税
遺産の相続手続き
不動産の相続登記や預貯金、有価証券の名義書き換えをします。

2

遺言が大切だといわれるのはなぜですか。

遺言にしかできない効力がある

子どもたちが親の遺産をめぐり、感情的な対立関係となり、骨肉の争いに発展した結果、親戚づきあいが断たれてしまう例がよく見られます。こうした遺産分割をめぐる争いを防止するためには、遺言を作成することが必要です。

原則として遺産は法律で定められた法定相続割合に従って相続するように規定されていますが、遺言があればこの法定相続割合に従わず、たとえば長男にだけ多くの財産を譲ることもできます。また、誰にどの財産を渡すのか財産の特定ができるので、「この事業はぜひ継がせたい」「あの土地がほしかった」など、相続人・被相続人の意思を尊重することが可能です。

しかし、遺言にも限界があります。

「長男に全財産を相続させる」などの簡単な文言でも遺言としては有効ですが、長男以外の相続人にも、相続財産を一定の割合で受け取る権利があります。この割合のことを「遺留分」と呼びます。長男以外の相続人は「遺留分」があるので、相続開始後にその分を取り戻す権利を持ちます。たとえば、兄弟3人が法定相続人であった場合、もし、弟2人が「遺留分侵害額請求権（令和2年7月1日改正前は「遺留分減殺請求権」）」の行使をした場合には、親の財産の6分の1（法定相続割合3分の1の2分の1）については、長男が金銭で支払わなければなりません（改正により、金銭のみの支払いになり、相続した不動産等の現物を遺留分請求者に渡せなくなりました）。

遺留分侵害額請求権に注意

なお、遺留分の権利を侵害するものであったとしても遺言は無効になるわけではなく、長男が財産の遺留分に相当する経済的な価値を金銭で渡せばいいだけです。遺留分の侵害額請求権の行使をするかどうかは自由であり、弟たちが「長男に全財産を相続させる」ことに納得し、遺留分の侵害額請求権を行使しなければ、全財産は長男のものとなります。また、遺留分侵害額請求をする権利は遺留分を侵害されたことを知った日から1年で時効となり、相続開始を知らなかった場合でも10年で時効を迎えます。

被相続人の生前に家庭裁判所の許可を得て「遺留分の放棄」をすることも認められています。長男に全財産を相続させる旨の遺言をするとともに、他の子どもたちについては「遺留分の放棄」をしてもらい、家庭裁判所で遺留分放棄の許可を得ることができます。

長男以外の子どもたちに、生前に「すでに十分なことをしてもらったので、遺産は一切要求しません。相続を放棄します」という念書を書かせる方法をたまに見かけます。

兄弟はこれで納得することが多いと思いますが、法律では、生前に放棄できるのは家庭裁判所での「遺留分の放棄」だけで、「相続放棄」はできません。この念書は無効です。

3 自筆証書遺言の制度が緩和されたそうですが。

自筆証書遺言の緩和メリット

自筆証書遺言は自分一人で作成できますから、内容を誰にも知られないで秘密にでき、費用もかからない手軽な方法です。たとえば、「全財産を妻○○花子に相続させる」というような簡単な遺言でも有効です。

しかし、これでは、遺言者の具体的な意思を伝えるのには不十分なので、相続人ごとに相続する不動産や預金などの財産を特定して記載するとなると、大変です。

改正前は、自筆証書遺言では、遺言者が遺言の内容、作成の日付、氏名を全部自署して押印することが必要でしたが、以下のように緩和されました。

①パソコン等での作成や登記簿謄本、通帳のコピーの財産目録を添付すれば大丈夫です。
②財産目録については手書きで作成する必要がなくなります。
ただし、財産目録の各ページごとに署名押印をする必要があります。
③遺言書の本文は自署押印が必要です。

今後は、財産目録については手書きで作成す

自筆証書遺言の緩和された方式

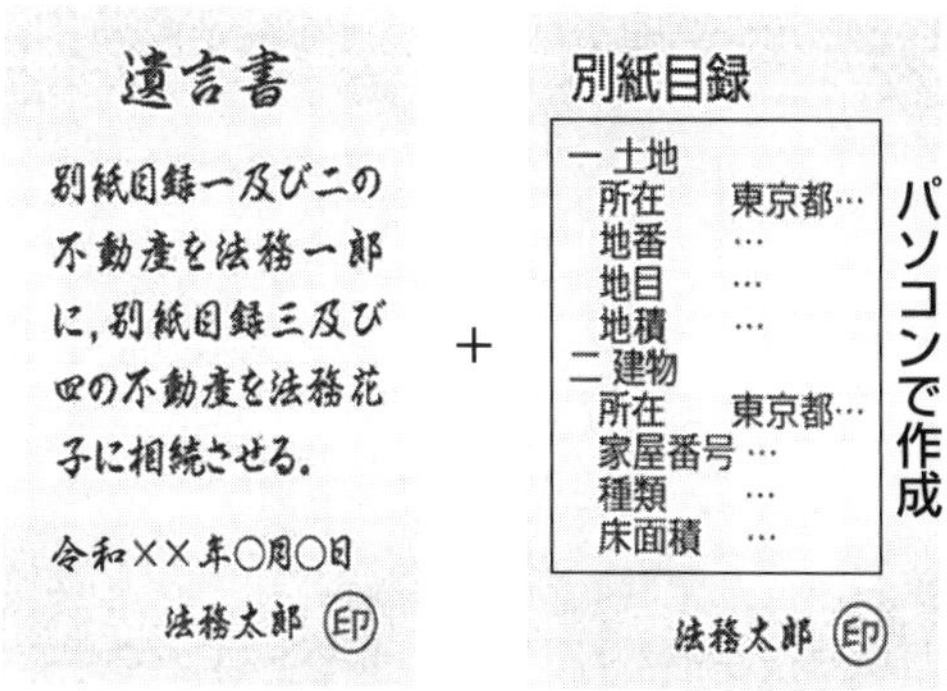

1、遺言書の本文は自署押印が必要
2、財産目録は、登記簿謄本のコピーや通帳のコピーを添付。
　または、パソコンで財産目録の作成が可能
3、なお、財産目録にはページごと（表面と裏面に目録を作成
　している場合には、その両面）に自署と押印が必要

る必要がなくなりますから、
①全文を自署する負担軽減
②財産目録を添付できるので誤りや偽造の防止
③登記や預金の引き出しがスムーズに
④高齢者が自己の意思で遺言を残すことが可能になる
などの効果があります。

したがって、本人が遺言書に手書きすべき事項は、遺言書の本文、日付、遺言者の氏名、押印となります。押印する印鑑は自筆証書遺言の場合には実印でなく認印でも大丈夫ですが、実印を押印するほうが多いようです。

また遺言には遺言執行者を指定しておけば、遺言の執行がスムーズにできます。

このように自筆証書遺言が作成しやすくなりましたので、相続人が争わなくてもよいように遺言を作成しましょう。

重要

4

自筆証書遺言保管制度とは何ですか。

～令和2年(2020年)7月10日からスタート～

創設された理由

従来の自筆証書遺言の問題点は、父親が遺言書を作成して子どものために残したはずの遺言書が、紛失や忘れ去られてしまうおそれがあることでした。

また、相続人により遺言書が廃棄され、隠され、内容が変更されるなどの行為もありました。これらを原因として、本人が本当に遺言書を本人の意思で自署したのかどうかをめぐる紛争が生じていました。

つまり、自筆証書遺言の次の問題点を解決するため保管制度が創設されました。

- ●遺言書の紛失、亡失するおそれ
- ●相続人による遺言書の廃棄、隠匿、改ざんのおそれ
- ●これらを原因とした相続をめぐる紛争が生じるおそれ

そこで登場した遺言保管制度

遺言書の保管申請は、遺言書を作成した本人が法務局（遺言保管所）で手続きを行います。

この時、遺言書を、遺言書保管官が確認しますので、封をしない無封の状態であることが必

遺言保管制度の創設

- **遺言書の保管を申請**

遺言書
別紙目録一及び二の
不動産を法務一郎
に，別紙目録三及び
四の不動産を法務花
子に相続させる。
令和××年○月○日
法務太郎 印

↓ 申請手数料は3,900円

| 法務局（遺言保管所） |

作成した本人が遺言保管所で手続きを行う。

要です。また、申請する遺言保管所は、遺言者の住所地、本籍地、または不動産の所在地となります。

従来から、自筆証書遺言は、封入・封印をしなくても有効でした。しかし、変造等を避けるため、封筒に入れて封をし押印していました。保管制度では自筆証書遺言の保管情報を電子データとして、遺言書の画像等が必要ですから、無封の遺言書であることが要求されています。

家庭裁判所での検認が不要

遺言書保管制度の場合には、自筆証書遺言で要求されていた検認が不要となるメリットがあります。

遺言書の保管申請手数料は３９００円です。

重要

5

法務局（遺言保管所）での保管業務の内容。

～令和2年7月10日から保管開始～

本人確認と遺言書の形式的有効性の確認

遺言書保管官は、遺言書を持参した人が遺言書を作成した本人であるかどうかの本人確認と遺言書の有効性の確認を行います。

遺言書の確認は、外形的に判別できる事柄についての審査、遺言書の署名、押印、日付などの外形的な確認であり、遺言の内容の有効性まで保証するものではないとされています。

遺言書を画像データ化し管理する

遺言書保管官は、遺言書の次の情報をデータとして管理します。

①遺言書の画像

②保管の申請書に記載された事項（遺言書に記載されている作成の年月日、遺言者の氏名、出生の年月日・住所、受遺者及び遺言執行者の氏名・住所）

③遺言書の保管を開始した年月日

④遺言書が保管されている遺言書保管所の名称及び保管番号

遺言者は、いつでも遺言書の閲覧を請求できます。また遺言者が遺言の保管を撤回すれば遺言書の返還を受けることができます。

法務局における保管業務の内容

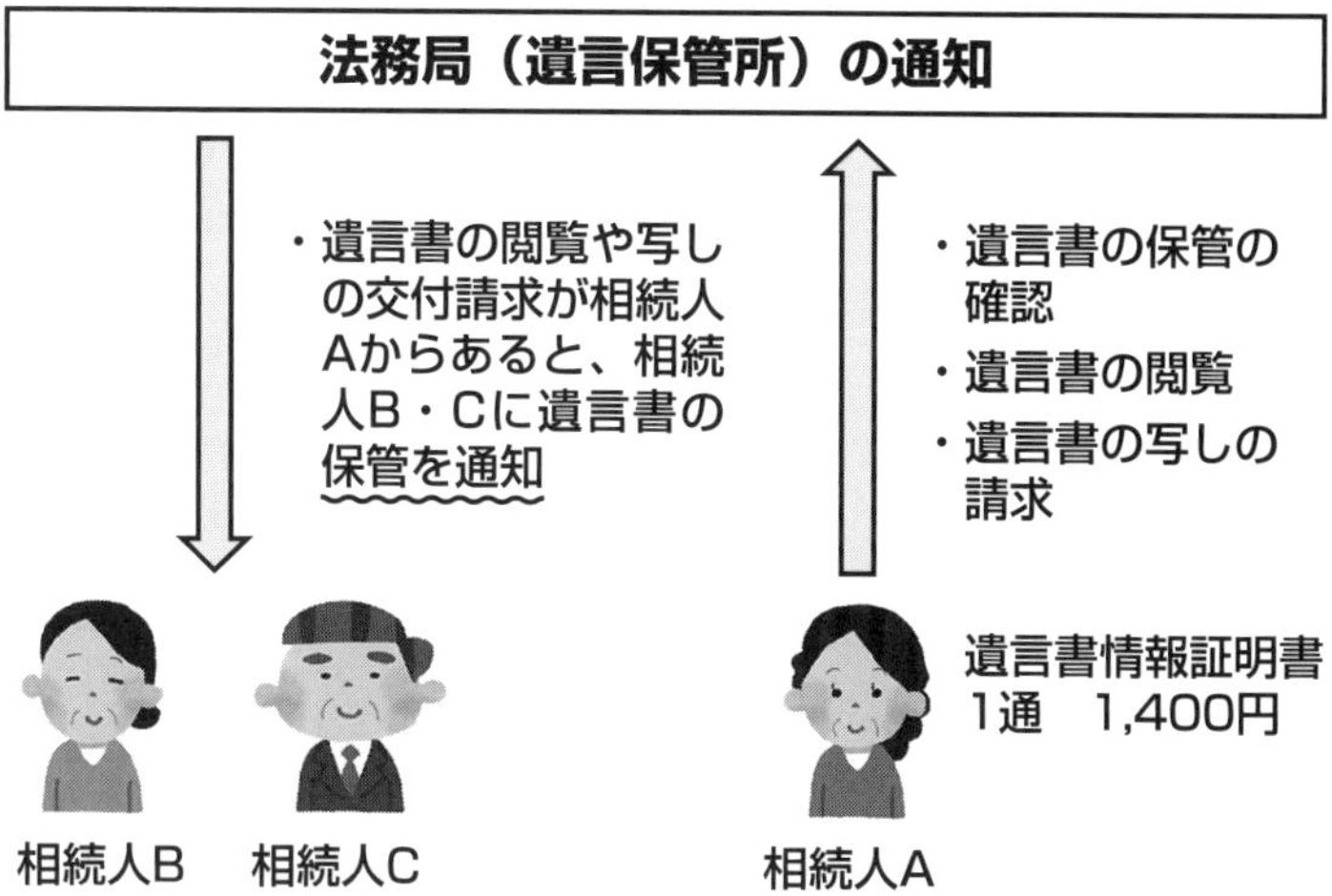

遺言者の死後、相続人ができること

遺言書の保管制度を採用した場合には、家庭裁判所での遺言書検認が不要になりますので、相続登記の促進につなげることが可能で、相続手続きの迅速化が図られます。

相続人は、遺言者の死後、遺言書の画像データを記載した証明書（遺言書情報証明書）の交付請求や閲覧請求することができます。なお、遺言書保管官は、保管されている遺言書について、交付請求や閲覧請求があった場合には、速やかに、他の相続人、受遺者および遺言執行者に通知します。

また、手数料は、遺言書情報証明書の交付請求1通につき1400円になります。

6 遺言にはどのような種類がありますか。

自筆証書遺言と公正証書遺言

遺言の方法は、「自筆証書遺言」と「公正証書遺言」の2つの方法がよく利用されます。

「自筆証書遺言」は、従来は遺言者が遺言の内容、作成日時、氏名を全部自署し押印する遺言だけでしたが、民法改正で①本文のみ自筆し押印して、財産目録はパソコンや登記簿謄本のコピー等で可能な遺言と、②自筆証書遺言で法務局（遺言保管所）で遺言の確認を受け、保管されている遺言の2種類が追加されました。「公正証書遺言」は、遺言者が公証人※に遺言の趣旨を口述して作ってもらう遺言です。「自筆証書遺言」の場合は、保管制度を採用すれば、保管官のチェックで形式的な誤りはなくなりますが、内容が不完全な場合は、解消できませんので、「公正証書遺言」を利用することをおすすめします。

詳細は次ページの表をご覧ください。

※公証人……ある事実の存在もしくは法律行為の適法性などについて、公権力を根拠に証明・認証する者のこと。公証人法に基づいて法務大臣が任命する公務員で、全国の公証役場で公正証書の作成、定款や私文書の認証などを行う。

遺言の方法と種類

	自筆証書遺言	自筆証書遺言 （遺言保管制度）	公正証書遺言
作成方法	本文…遺言者が自署し押印する 財産目録…パソコンによる作成、登記簿謄本のコピー、通帳のコピー等も可能	本文…遺言者が自署し押印する 財産目録…パソコンによる作成、登記簿謄本のコピー、通帳のコピー等も可能	証人2人以上の立会いのもと、公証人が遺言者からの口述内容を筆記する
保管方法	遺言者本人が保管	法務局（遺言書保管所）で保管される	遺言者本人に正本と謄本が交付され、公証人役場に原本が保管される
家庭裁判所の検認	必要	不要	不要
検索	なし	遺言書保管所で可能	公正役場で可能
メリット	▶自分一人で作成できる ▶費用がかからない ▶内容・存在が秘密にできる	▶遺言書保管官が日付、遺言者の氏名など外形的な確認をするので、登記不可などを防げる ▶費用については、保管申請時の手数料が1回につき3,900円、亡くなった後の相続登記に必要な遺言情報証明書の交付の手数料が請求1通につき1,400円 ▶保管が確実なため、紛失・隠ぺいを防ぐことが可能	▶公証人が作成するため、法律的にあいまいな用語がなく、偽造・変造を防ぐことが可能 ▶保管が確実なため、紛失・隠ぺいを防ぐことが可能 ▶文字が書けなくても、署名ができれば、遺言が可能
デメリット	▶内容が不完全・文意不明・形式不備で無効や紛争のおそれがある	▶内容が不完全で無効や紛争のおそれがある	▶作成手続きが煩雑

7

公正証書遺言の作り方を教えてください。

公証役場に行って口頭で述べる

公正証書遺言は公証人に、遺言の内容を口頭で述べて遺言書を作成してもらいます。公正証書遺言の場合は、原本が公証役場に保管されるため、遺言書が偽造される心配はありません。

公正証書遺言を作成しようと思い立ったら、まず遺言しようとする内容をはっきり決めるようにしましょう。土地や建物を相続させる場合には、地番や地積などを間違えると登記ができなくなることもあるので、登記簿謄本を持参するとよいでしょう。

また、立会人として証人2人が必要となるので、あらかじめ依頼をしておかなければなりません。法律上、未成年者、遺言者の相続人、受遺者（遺言によって遺贈を受ける人）、それらの配偶者や直系血族も証人にはなれません。そのほか、証人は口頭で述べた遺言内容を理解し、遺言の筆記の正確なことを証明し、遺言書に署名しなければならないので、署名のできない人や目の不自由な人、耳の聞こえない人などは証人としては不適格です。

公証役場には、そのほかに、遺言者の実印と印鑑証明、証人2人の認印、遺言者の戸籍謄本、遺言により財産を譲り受ける人（受遺者）の住民票などを持参します。

また、相続人でない人が財産を譲り受ける場合には、譲り受け人（受遺者）の住民票が必要になります。

公正証書遺言を作成するために準備すべき書類については、以下の通りです。

《公正証書遺言作成のために準備する書類》

（1）遺言者・受遺者の確認

①戸籍謄本、改製原戸籍謄本

②遺言者……印鑑証明書（3カ月以内）・実印（当日必要）

③受遺者……住民票

（2）証人（立会人）2人

住民票または運転免許証、認印（当日必要）

（3）遺言執行者

住民票または運転免許証（実務上は必要）

（4）財産の目録（作成しておく。証拠資料なども用意）

①不動産（土地、建物など）

不動産登記簿謄本、固定資産税評価証明書

②預貯金・金銭信託・公社債など

通帳、証書、残高証明書など

③有価証券（投資信託、株式など）

通帳、現物および残高明細書など

④その他の財産（ゴルフ会員権、貴金属、絵画など）

書類、現物、残高証明書または明細書など

⑤債務（借入金、その他債務など）

借入契約書、残高証明書など

また公証人は、自宅や病院にも、執務時間外でも出張してもらえます。

遺言書作成にも税理士を活用する

遺言書を作成する場合の注意点としてよく言われるのは、遺留分（詳しくは46ページの「12」参照）を侵さないように、遺留分は尊重しなければいけないといわれます。

これは遺留分を侵した遺言書を作成しても遺言書としては有効ですが、遺留分権利者から「遺留分侵害額請求権」（改正前では「遺留分減殺請求権」）が行使され、遺言書の執行が相続人間の争いでスムーズにいかないためです。

しかし、遺言書を作成しても、作成した遺言書が遺留分を侵しているか否かはわかりません。なぜなら、遺言書に財産目録はありますが、財産額は記載されていないからです。たとえば、相続人が配偶者と子ども（長男と次男）の2人で、「長男に全財産を相続させる」旨の遺言があった場合の次男の遺留分は全財産の1／4（法定相続分）の半分で1／8であることがわかりますが、その金額がいくらかはわからないままです。

税理士は相続税を計算するために各財産を評価して金額で表示しますから、たとえば、全財産が1億円であれば、遺留分が1／8で、その金額は1250万円であることがわかります。その結果、1250万円の遺留分を侵さない遺言書の作成が可能になります。

また、相続税法では、配偶者が1・6億円か、全財産の半分まで相続しても配偶者の税額軽減で配偶者には相続税が課税されない特例がありますので、その特例を使う場合には、遺言書を作成する前に計算して、配偶者の税額軽減を受けるのに必要な財産額に見合う財産を遺言書に記載することが必要です。

公正証書遺言の記入例

遺　言　書

遺言者は、次のとおり遺言する。

1、遺言者は、長男森田太郎に株式会社○○商店の経営を継承させるものとし、同人に次の財産を相続させる。

「遺贈する」は相続人以外に使用する

1、遺言者名義の株式会社○○商店の株式全部

2、東京都○○○区篠崎町○丁目3番

宅地　200平方メートル

3、同所同番地所在

家屋番号　3番1

木造瓦葺　2階建店舗兼居宅1棟

床面積　1階　80.30平方メートル

2階　58.55平方メートル

登記簿謄本で確認

4、①現金　50,000円

②預金

普通預金　○○銀行△△支店　口座番号×××

金1,000,000円

定期預金　○○銀行△△支店　口座番号×××

金10,000,000円

金額を記載しない場合もある

2、次男森田次郎に、遺言者名義の△△銀行○○支店の預金全額を相続させる。

3、長女森田花子に、遺言者名義の△△株式会社の株式全株を相続させる。

4、長男森田太郎は、1の不動産を相続することにより次の△△銀行○○支店に対する借入金債務を負担承継するものとする。

平成○年10月13日付　ローン契約

当初借入金額2,000万円

5、上記以外の一切の財産は長男森田太郎に相続させる。

この一文がないと、漏れていた財産をめぐって争いになることがある

6、この遺言の遺言執行者に次のものを指定する。

○○市○○町○○-○　税理士　深代　勝美

付言事項も記載する

自筆遺言では、よく漏れる

令和○○年○月○日

東京都○○区○○町○丁目○番○号

遺言者　森田　一郎（森田）

実印で押印する

8

遺言書では「遺贈する」ではなく「相続させる」と書く。

家のアドバイスが重要

遺言書作成の7つのポイント

まず、遺言書を作成する時のポイントは次の7つです。

（1）「遺贈する」ではなく「相続させる」と書く
（2）借入金の負担者を記載する
（3）予備的遺言を考える
（4）二次相続の対策も考える
（5）相続財産を共有にしない
（6）付言《ふげん》事項には法的効力はないが記載するとよい
（7）税理士・弁護士・司法書士といった専門家のアドバイスが重要

まずはポイント（1）「『遺贈する』ではなく『相続させる』と書く」について考えてみましょう。

特定の財産について「相続させる」旨の遺言があった場合には、その財産については遺産分割協議などの手続きを経ることなく、その遺言者の死亡と同時にその遺言で指定された相続人が、財産を相続によって取得します。

遺言執行者を記載する

遺言書に記載する遺言執行者は弁護士などの

「遺贈する」と「相続させる」はどう違うか

	「遺贈する」	「相続させる」
不動産所有権の移転登記（申請）	**受遺者と遺言執行者または全相続人が共同で申請する。**	**受遺者が単独で申請できる。**
不動産所有権の移転登記（農地の取得）	**農業委員会の許可が必要（農地法3条）となり、一定面積以上の農地を耕作または所有していないと許可は得られない。**	**農業委員会の許可は不要で、農地を耕作または所有していなくても取得できる。**
借地権・借家権の承継	**原則として賃貸人の承諾がいる。**	**賃貸人の承諾はいらない。**
株式譲渡の制限	**定款に取締役会の承認を要する旨の定めがある場合は承認がいる。**	**取締役会の承認は不要と解されている。**

専門家でなく相続人で大丈夫です。特定の財産について「遺贈する」という文言での遺言があった場合には、遺言執行者の名前の記載がない限り相続登記ができません。

遺言執行者がいない場合は、相続人全員の印鑑証明書と実印が捺印された委任状を添付しなければ、その不動産の遺贈に関する所有権の移転登記はできないということになります。つまり、遺産分割協議書を作成するのと同じ手続きが必要になってしまいます。

遺言執行者がいる場合には「遺贈させる」という文言でも、遺言執行者の印鑑証明書で所有権の移転登記ができます。

「遺贈する」と「相続させる」の文言の違いによる法律上の効果について、上の表にまとめたのでご覧ください。

9

遺言書では借入金を負担する者の名前も記載します。

借入金を負担する者を記載する理由

借入金などの債務は、法律上、債権者である銀行などの同意がなければ特定の相続人だけのものとはなりません。法定相続人全員の債務です。そのため、遺言でも、借入金の負担者を記載しないことが多くありました。

しかし、民法の改正で、銀行などと債務者である相続人全員の同意がなくとも、遺言書に債務負担者（債務引受者）が記載され、債務引受者と銀行などの債権者の合意があれば、他の相続人の合意は不要になり、銀行などの債権者から他の相続人への通知でよいことになりました（改正民法472条2項）。

そのため、民法改正後は、遺言書に債務の負担者を記載することの重要性が増しました。

具体的な事例で考えてみましょう。

父親がマンションを借入して建築して、長男にマンションと借入金を相続させるつもりでいたとします。マンションだけを長男に相続させると遺言書に記載して、2億円の借入金の負担者を記載した場合と記載しない場合での長男と次男の相続税の違いは次ページの通りです。

相続財産に債務が含まれているとどうなるか

①借入金2億円の負担者が長男と明示されている場合

	長男	次男	合計
土地・建物	4億円	1億円	5億円
借入金	▲2億円	0	▲2億円
差引	2億円	1億円	3億円
相続税(50%の場合)	1億円	0.5億円	1.5億円

②借入金2億円の負担者が明示されていない場合

	長男	次男	合計
土地・建物	4億円	1億円	5億円
借入金	▲1億円	▲1億円	▲2億円
差引	3億円	0	3億円
相続税(50%の場合)	1.5億円	0	1.5億円

ポイント

マンションの土地、建物は長男が相続、その借入金2億円も当然長男が相続するつもりでいても、遺言書で明示されなかった場合には、法定相続分に応じて負担するものとして取り扱われ、長男が負担する借入金は1億円、次男も1億円となります。この結果、次男は1億円の借入金の負担となるため財産と借入金が同額となり相続税はゼロですが、長男の相続税は1億円から1.5億円に増加してしまいます。

10 高齢化に対応した予備的遺言はどう作成すればよいですか。

予備的遺言を理解する

遺言書を作成するポイントの「予備的遺言」について考えてみましょう。

相続人の高齢化に伴い、父より相続人である息子（長男）が先に亡くなることも考えられます。たとえば、長男に財産を残してあげたいと考え、「……全財産を長男○○に相続させる」といった遺言書を作成し、その後、息子である長男が父より先に亡くなったというケースです。この時、長男の相続人である孫は、遺言書によって他の法定相続人に優先して財産を受け取ることができるか、という争いが実際にありました。

最高裁は平成23年2月22日の判決で、遺言書で「……全財産を長男○○に相続させる」との遺言書があっても、孫は自動的に相続できないとしました。つまり、相続人である長男が先に死亡している場合、遺言書は無効となり、財産については父の法定相続人である孫（長男の子）と長女が法定相続分通り1／2ずつを相続することになります。

もし、長男だけでなく長男の相続人（孫）に財産を残してあげたいと考えているのであれば、「……全財産は、すべて長男○○に相続させる。ただし、万が一、長男○○が遺言者の相続開始時において、すでに亡くなっていた場合には、長男の孫○○にすべてを相続させる」と付け加えます。これを「予備的遺言」といいます。

なお、長男が亡くなった時に父が健在であれば遺言書を書き直すことも可能ですが、被相続人である父に遺言能力のない場合は、書き直すことができません。予備的遺言を残せば、長男が父親より先に亡くなった場合でも、遺言が有効に成立するので、被相続人と相続人の高齢化が進んでいる現代では、必要な方法といえます。

二次相続の対策を検討した遺言書

次に、「二次相続の対策」のポイントについて検討しましょう。

父親の遺言書を作成する時に、配偶者である母親の二次相続まで考えた相続財産の分割方法を考えないと、二次相続の相続税が上がってしまうことも考えられます。たとえば、配偶者である母親に父親と同じほどの財産があるのに、母親に法定相続割合通りの2分の1の財産を相続させるとの遺言を作成した場合について考えてみましょう。この場合、父親が亡くなった時は配偶者の税額軽減が使えて有利なように見えますが、母親が亡くなった時の二次相続税は、父親の相続財産の1／2と母親がもともと持っていた父親と同じほどの財産が合算されるのでむしろ高額になってしまいます。相続税の納税まで考えた分割をしないで、安易な分割をしてしまうと、子どもが、相続した財産で相続税を納税できないことも生じるので、遺言書を作成する時には全体の相続税対策も考えて進めてください。

11 対立を回避するための遺言書はどう書けばよいですか。

相続財産を共有にしない理由

引き続き遺言書を作成する際のポイントについて考えていきましょう。「相続財産を共有にしない」ことも大切なポイント。なぜなら、兄弟などで財産を共有して相続すると、兄は土地を有効利用したい、弟は売却したいなど、兄弟の意見が分かれた場合には、何もできなくなってしまうからです。子どもや妻に残したい財産を、たとえば、自宅は老後の生活を考え妻に、次男の家が建っている土地は次男に、などと具体的に決めてください。できるだけ共有ではなく分割して相続人各自がそれぞれの判断で相続財産を処分、利用できるように具体的に決めます。

付言事項を活用する

付言《ふげん》事項とは、遺言者が遺言書を残した思いを記載した文章をいいます。

付言事項を活用すると、遺言書を読んだ後の相続人たちを慌てさせず、望まない対立を予防することができます。ですので、「付言事項には法的効力はないが記載するとよい」といえるでしょう。付言事項として、次のような文面があります。

> 一、長男は、家の跡を継ぎ財産の維持と事業の発展に努めました。また、私の食事、介護などの面倒を見てくれているので、長男に財産を多く残しました。次男、長女にはそのことを考えて相続分以上の財産を要求しないように話をしましたが、忘れずに実行することを望みます。
> 一、財産の多くは、私の食事、介護に尽くしてくれた長女に渡すことになりましたが、家族仲良く過ごして、遺産で長女と争うことのないようにお願いします。
> 愛情をこめて育てた長女、長男、次男も、それぞれが家庭を築き、幸せに過ごしていることを嬉しく思います。幸せな人生をありがとう。さようなら。

このような文面を付言事項として掲載するだけで、相続人たちの納得度が増すように感じられるのではないでしょうか。付言事項には法的拘束力はありませんが、いくらかの影響力があると考えてもらうとよいでしょう。

専門家にチェックしてもらい書き直す

そして最後のポイントとしては、「税理士・弁護士・司法書士といった専門家のアドバイスが重要」です。

遺産分割は、それぞれのケースによって効果的な方法は異なります。公正証書で遺言書を作る場合であっても、専門家のアドバイスを受けましょう。もうすでに遺言書を作ってしまった人や、家族や財産に変化があった人も、遺言書は何度でも書き直すことができるので、もう一度、専門家に見直しをしてもらいましょう。

12

相続できる順番と相続割合、遺留分を教えてください。

まずは配偶者と子

相続の順番によって相続できる法定相続割合（法定相続分）と遺留分が違います。法定相続分とは遺言がない場合に民法の規定によって分割される相続人の取り分のことであり、遺留分とは、遺言書があっても相続が発生した際に相続人が最低限確保できる取り分のことです。

相続分と遺留分の計算方法を理解してもらうには、具体例で考えてもらうのがいちばん簡単です。次ページの図をご覧ください。

配偶者はいつも相続人になることができ、順位は以下の通りです。⑴第一順位は子と子の代襲《だいしゅう》相続人（事例の①・②を参照）。なお、代襲相続人とは、相続予定者（子）が死亡している場合の孫などをいいます。⑵第二順位は直系尊属（親など。事例③を参照）。⑶第三順位は兄弟姉妹、兄弟姉妹の代襲相続人（兄弟姉妹の子どもまで。事例④を参照）になります。なお、兄弟姉妹には遺留分はありません。

ですから、子どもがいない夫婦では、夫の兄弟姉妹との相続で争いが生じないように「**全財産を妻に相続させる**」などの遺言書を作成することが大切です。

法定相続分、遺留分の具体例

事例①

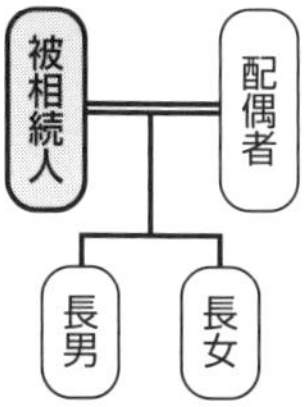

相続人	法定相続分	遺留分
配偶者	1/2	1/2×1/2=1/4
長男	1/2×1/2=1/4	1/4×1/2=1/8
長女	1/2×1/2=1/4	1/4×1/2=1/8

事例②

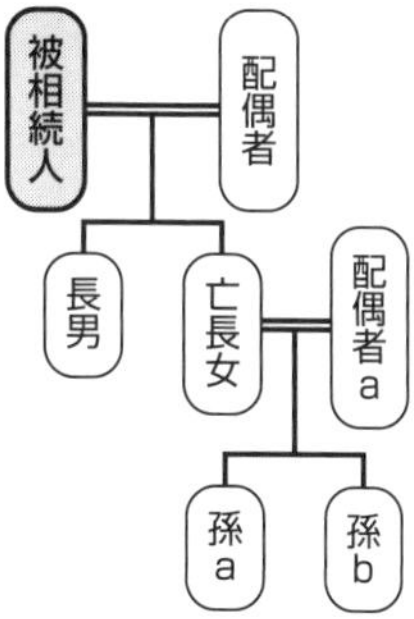

相続人	法定相続分	遺留分
配偶者	1/2	1/2×1/2=1/4
長男	1/2×1/2=1/4	1/4×1/2=1/8
孫a	1/2×1/2×1/2=1/8	1/8×1/2=1/16
孫b	1/2×1/2×1/2=1/8	1/8×1/2=1/16

事例③

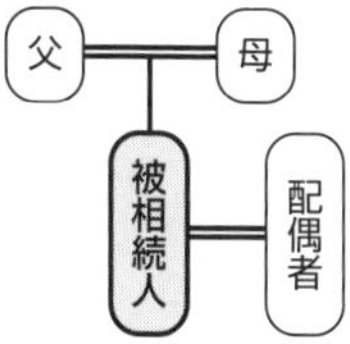

相続人	法定相続分	遺留分
配偶者	2/3	2/3×1/2=2/6
父	1/3×1/2=1/6	1/6×1/2=1/12
母	1/3×1/2=1/6	1/6×1/2=1/12

事例④

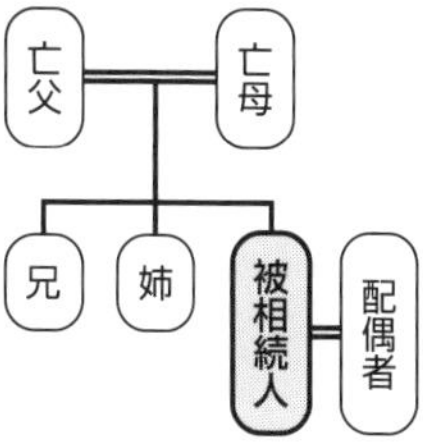

相続人	法定相続分	遺留分
配偶者	3/4	3/4×1/2=3/8
兄	1/4×1/2=1/8	1/8× 0 = 0
姉	1/4×1/2=1/8	1/8× 0 = 0

重要

13

遺留分減殺請求権から遺留分侵害額請求権へ。

遺留分減殺請求権が法的に見直された

（1）改正前の問題点

遺留分減殺請求権は、物権的効力を有しています。そのため、その権利行使によって、遺言書に長男に渡すと記載された不動産であっても、遺留分減殺請求権を持っている次男などとも共有財産になります。その結果、相続税を納税するための不動産であっても売却できなくなりました。

遺贈や贈与で自社株や不動産などの具体的な財産を与えたいという遺言者の意思があっても遺留分減殺請求権が行使されたら共有になってしまい、遺言者の意思が尊重されませんでした。

（2）遺留分の法的性質の見直し

「遺留分減殺請求権」から「遺留分侵害額請求権」になったことで、遺留分権利者は、受遺者または受贈者に対し、財産を共有する代わりに、遺留分侵害額に相当する金銭の支払いを請求することができることになりました。これにより、改正前に問題になった遺留分減殺請求権の行使による共有関係を回避できますので、自社株や不動産などを受遺者等に与えたいという遺言者の意思を尊重することができます。したがって、

物権的効力から債権的効力に変更された

改正前	改正後
遺留分減殺請求	遺留分侵害額請求
不動産等の現物も可能	金銭の支払いのみ

金銭債権化

税務の取り扱い、譲渡税が課税に

相続財産
土地
→ 金銭に代えて土地（4,000万円）を分与
4,000万円で譲渡したことになる

取得価格が不明の場合…
4,000万円×（1−0.05）×20.315％＝約772万円の課税が行われる。

受遺者または受贈者は、遺留分権利者から遺留分侵害額の請求に対し、遺留分権利者の同意がない限り金銭に代えて不動産などの現物による返還を選択することはできません。

なお、遺留分権利者は1年以内に遺留分侵害額請求権を行使して金銭債権を取得し、その後5年（民法改正前は10年）以内に権利を行使する必要があります。

(3) 不動産を渡した場合

双方が合意すれば代物弁済として、金銭に代えて不動産を渡すことも可能です。

しかし、譲渡所得税の問題が生じます。たとえば、遺留分侵害額4000万円を金銭でなく、不動産を渡した場合には、おおよそ772万円の譲渡所得税・復興特別所得税・住民税が受遺者に課税されます。

重要

14 相続人に対する贈与は相続開始前10年以内のみ財産に算入するのですか。

遺留分の算定の基礎となる財産の価額

遺留分の算定の基礎となる財産の価額は、以下のように計算します。

被相続人が相続開始の時において有した財産の価額 ＋ 贈与した財産の価額 － 被相続人の債務の全額

①この「贈与した財産」の考えは、民法改正前は、次の内容でした。

・**相続人に対する贈与**
何十年も前のものでも財産に算入する

・**相続人以外への贈与**
相続開始前1年以内のものだけが算入される

②民法改正後はこの生前に贈与された財産の範囲が次のようになりました。

・**相続人に対する贈与**
相続開始前10年以内に限り、財産に算入する

・**相続人以外への贈与**
相続開始前1年以内のものだけが算入される

なお、相続税法では、生前贈与で相続財産に加算されるものは、相続開始前3年以内の生前

相続人に対する贈与には相続開始前10年間分だけを遺留分の対象に

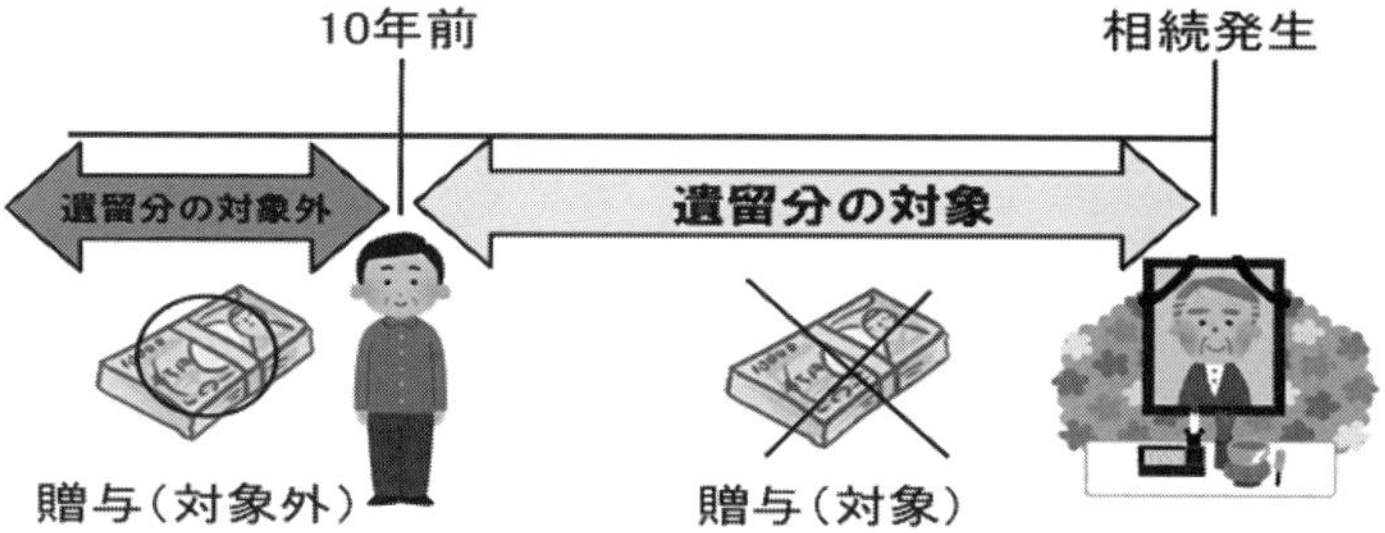

1．特別受益（婚姻・養子縁組のための贈与と生計の資本としての贈与）に該当するものです。
2．当事者双方が「遺留分権利者に損害を与えることを知って贈与をした時」は10年前でも算入となります。

贈与です。

制度導入のメリット

①相続人に対する贈与は相続開始前10年間分だけが遺留分の対象になりました。

⇓預金、自宅や工場などの早期贈与で財産移転や事業承継が円滑になります。

②贈与を受けた相続人は遺留分の権利者に対し、その侵害財産を土地や株式などの現物ではなく、遺留分相当額を金銭での支払いができるようになり、親の意向を反映した相続ができます。

⇓土地や自社株式などの分散が防止できますので財産移転や事業承継が円滑になります。

重要

15

相続争いはどのような時に起こりますか。

財産が少なくとも争いは起きる

相続争いは遺産が多いほど起こっていると思われがちですが、相続人の意見が異なれば財産が少なくとも争いは起こるものです。事実、司法統計によると相続争いの約8割は遺産が5000万円以下のケースです。やはり財産の多寡を問わず遺言は必要です。平成25年において、年間死亡者数は約128万人、遺産分割に関する調停事件は約1・3万件、審判事件は約2300件ほどではありますが、顕在化しない争いはもっとあると考えてよいでしょう。

以下が、よくある相続争いが起こるケースです。

①子どもたちが何人かいてそれぞれが結婚している場合に、お嫁さんやお婿さんの意見が出てスムーズにいかない

②親が離婚、再婚、養子縁組など複雑な家族関係がある場合、日常的なつきあいも少ないせいで意見がまとまらない

③妻のほかに愛人とその子どもがいる場合などは、利害が反するのでトラブルになりがち

④夫婦に子どもがいない場合に、妻と夫の兄弟姉妹が相続人として争う

民法改正で特別寄与分制度を創設

相続争いで、いちばん大変なのは夫婦に子がなく夫が先に亡くなった時です。

長男の妻が長年、長男の父親の療養看護をしてきても、長男が父親より先に亡くなった場合に、長男に子どもがいれば長男の子どもが相続人になれますが、子どもがいない時には、妻はそもそも相続人ではないので、何も財産を取得できないことになります。

そこで、民法改正で、この妻のように、被相続人の療養看護をした親族が、次男や長女などの相続人に対して金銭の支払いの請求が可能となる制度が創設されました。これにより、看護の貢献に報いることができ、実質的な公平が図られるとしています。

従来の寄与分制度では「被相続人の相続人」が対象でした。しかし、今回の特別寄与分制度は、「相続人ではない被相続人の親族」です。

具体的な特別寄与料の計算(現行の「寄与分制度」から推定)

「第三者の日当額×療養看護日数×裁量割合(実務上は0・5~0・8)」長男の妻の寄与料を1日6000円とし、2年間療養看護に努めた場合

6000円×365日×2年×0・7(裁量割合)=約300万円

税務上の取り扱いはどうなる?

特別寄与者(長男の妻)

特別寄与料を遺贈により取得したものになるので相続税が2割加算になります。

16

遺産分割協議書はどのように書いたらよいですか。

相続人が自署押印する

遺産分割をする際の書式として定型のものはありません。相続人ごとに相続する土地や預金などの財産を記載する方法と、土地や預金などの財産ごとに相続人を特定する方法があります。記入する文章や数字はすべて、パソコンでの作成でかまいません。相続人の氏名は自署し、実印を押印することになっています。氏名までパソコンで印刷して実印だけ押印しても法律上は有効ですが、相続人が自署押印したほうが、本人の意思が反映され問題が少ないので、自署をおすすめします。なお、相続税の申告で「小規模宅地等の減額を適用する場合」「配偶者に対する相続税の軽減」「農地等の相続税の納税猶予」を受ける場合には、相続人全員の自署と実印の押印が要求されています。次ページに記載例を掲載してあります。

また、たとえ遺産の分割協議がまとまらなくても相続税は申告をして納税しなければなりません。遺産分割の協議がまとまらない未分割の場合には、民法で定められている法定相続割合に応じて、遺産が分割されたと仮定して相続税を計算し、各法定相続人が納付する義務があります。

遺産分割協議書の記入例

遺産分割協議書

被相続人田中親男は令和×年×月×日に死亡したので、その相続人において、
下記の相続財産について、次のとおり遺産分割の協議をした。

記

次に挙げる財産は、相続人　長男　田中太郎が取得する。

通帳・残高証明書より

（1）現金　50,000円

（2）預金

普通預金　○○銀行△△支店　口座番号×××　金100,000円

定期預金　○○銀行△△支店　口座番号×××　金10,000,000円

登記簿謄本より

（3）不動産

①土地

所在：豊島区南池袋2丁目○○○番

地目：宅地

地積：200㎡

②建物

所在：豊島区南池袋2丁目○○○番地

種類：居宅

構造：軽量鉄骨造亜鉛メッキ鋼板葺2階建

床面積：1階 109.85m²

2階 85.08m²

〜〜〜〜〜〜省略〜〜〜〜〜〜

以上のとおり協議が成立したので、この協議書を作成し、相続人全員が署名押印する。

令和×年×月×日

自署

住所　東京都豊島区南池袋2－○－○
相続人　田中太郎　（実印）

住所　東京都豊島区南池袋2－○－○
相続人　田中次郎　（実印）

住所　埼玉県所沢市宮本町1－○－○
相続人　田中花子　（実印）

17 相続分の譲渡とはどのような方法ですか。

法定相続分の財産を譲渡する

相続人が複数いて遺産分割が確定した場合は、遺産分割協議書を作成します。

しかし、特定の相続人を分割協議に参加させたくない場合、あるいはすでに取り分が決まっていて他の相続人とのトラブルに巻き込まれたくない場合などには、「相続分の譲渡」という方法を利用すると分割協議がとても楽になります。

たとえば相続人が長男、次男、三男の3人で、三男が自身の法定相続分を長男に無償または、有償で譲渡した場合には、譲渡した三男は法律上の効果としては、法定相続分がなくなり、譲り受けた長男はその相続分だけ法定相続分が増加します。仮に相続人が3人だけの際には、それぞれの法定相続分は3分の1ずつになるので、長男は3分の2、次男は3分の1、三男は0となります。

三男が無償で相続分を譲渡した場合には、相続税などの税金は課税されません。三男が長男に法定相続分を1000万円で譲渡した場合は、遺産分割協議での代償分割と同様に1000万円に対して相続税が課税されます。

相続分譲渡証書の記入例

相続分譲渡証書

（相続分譲受人）
田中親男相続人　長男　田中太郎　殿

田中次男は、下記被相続人（田中親男）の相続人として、その有する相続分の全部を被相続人の長男田中太郎に無償にて譲渡いたしました。

記

（被相続人の表示）

最後の本籍	東京都豊島区南池袋2－○－○
最後の住所	東京都豊島区南池袋2－○－○
氏　　名	田中　親男
生年月日	昭和○年○月○日
相続開始日	令和○年○月○日

上記の通り相違なきことを、証明致します。
令和○年○月○日

（相続分譲渡人）
田中親男相続人次男　田中　次男

本　　籍	東京都豊島区南池袋2－○－○（自署）
住　　所	埼玉県所沢市○－○－○（自署）
氏　　名	田中　次男（自署）　実印
生年月日	昭和○年○月○日（自署）

相続分譲渡人の印鑑証明書は2通は必要（遺産分割協議書作成時と同じ部数）。

18 信託を利用して相続するにはどうしたらよいですか。

家族信託をする

信託の受託者は、信託銀行や信託会社などが思い起こされると思いますが、家族で信託契約をする民事信託も認められています。

信託は、資産を所有している人が信頼する相手に資産の管理と承継を任せる制度です。

家族信託での登場人物は以下の3人です。

・財産を預ける人＝「委託者」…ご主人
・財産を預かり管理する人＝「受託者」…奥さん
・財産（利益）を受け取る人＝「受益者」…ご主人

① 委託者……資産を所有している人

父親が高齢や病気で、ご自身で不動産を管理することができなくなったが、引き続き収益は今まで通り所有者として得ていきたい人をいいます。

② 受託者……資産を管理する人

委託者（父）から財産が受託者の奥さんに財産の管理運営をお願いします。受託者は、委託

生前信託のしくみ

●委託者が生きている間

委託者をご主人、受託者を奥さん、受益者をご主人として、
契約書で信託を設立する。設立時は、委託者＝受益者。

●委託者の死亡後

信託された財産は、信託契約により、受託者である奥さんの管理のもと、
お子さんや奥さんが受益者となり、財産が移転（相続）します。

者が決めたルールに従って管理運営します。

この管理運営を受託者がスムーズに行う必要があるので、不動産の名義は受託者名義になりますが、形式な変更です。

③ 受益者……ご主人が実質上の所有者

委託者であるご主人が生きている時は、ご主人が受益者となりますから、収益は今まで通りご主人となります。

ご主人が生きている間には、ご主人が「委託者」＝「受益者」という2役をこなします。

委託者の死亡後は、信託契約で指定されたお子さんや奥さんが受益者になります。遺言によって取得したのと同様に信託の受益権者として財産を取得することになります。

19

家族信託の実例を教えていただけませんか。

親が高齢で認知症が心配な人に最適

親が高齢になると財産の管理・運営・処分が自分の意思でできなくなったり、まただまされたりする危険が増してきます。信託を利用し財産の名義を長男名義にして、これらの目的を達成した家族信託の利用例を紹介します。

この事例は、介護施設に入居されるお母様（A氏）が委託者で、所有する不動産等を長男（B氏）が受託者となり、信託を設定します。信託の目的は、A氏の生活や介護のために必要な資金の運用・処分です。母親の生活安定・介護療養のため、財産を信託して管理・運営・処分を目的とした信託契約に基づき母親「委託者」名義の不動産の名義が長男「受託者」に移転します。

財産が信託されなければ、母親が認知症などで意思能力などに問題が生じた場合には財産の管理・運営・処分ができませんが、信託契約で長男が受託者になることによって、それらの行為を受託者である長男ができることになります。

この家族信託は、相続が開始した場合には、信託契約が終了することになっていますが、信託契約を継続することもできます。

家族信託スキーム

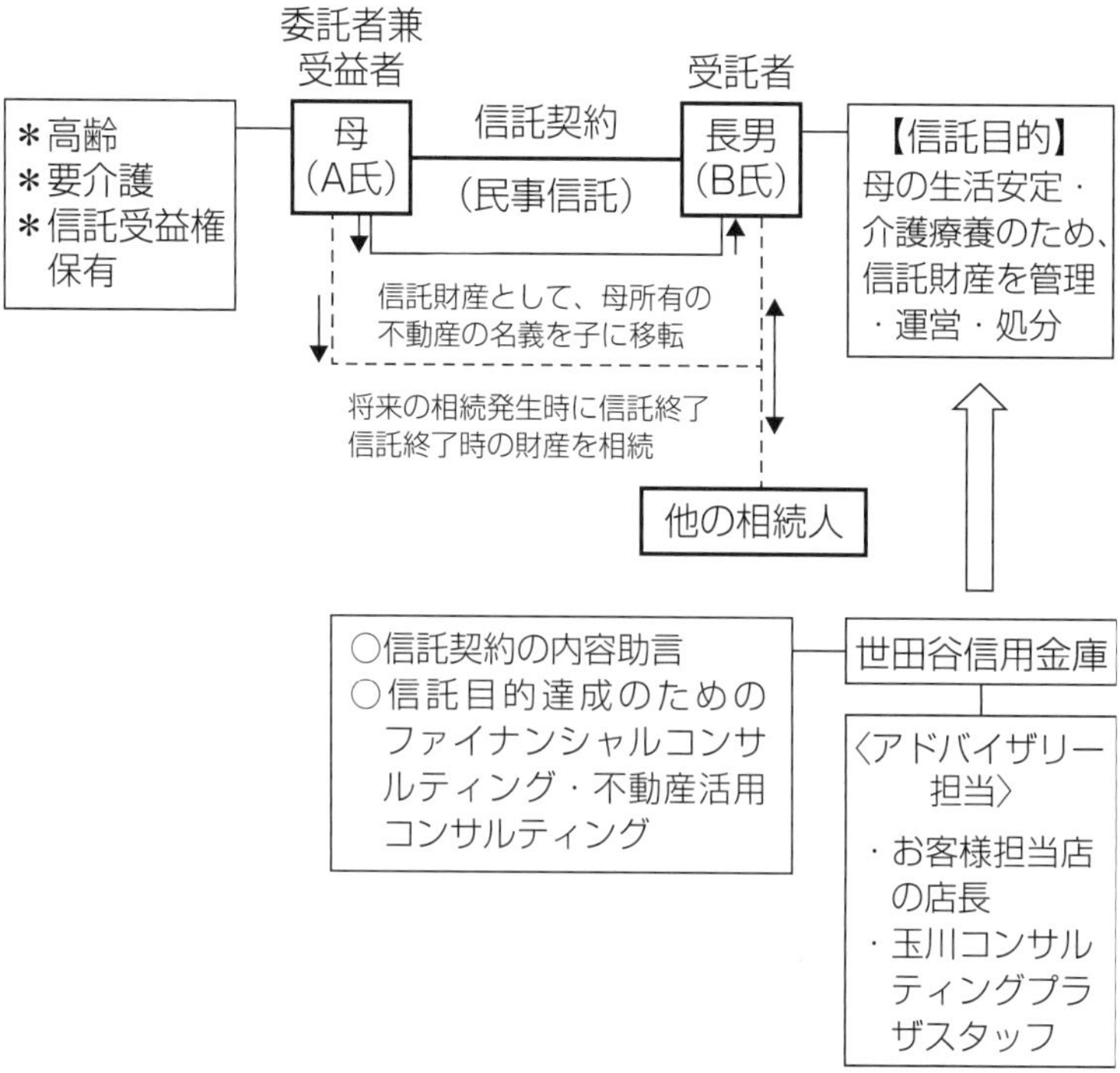

【母が所有する土地と賃貸アパートを長男に家族信託するケース】

・長男の具体的な業務は賃貸アパートの入居者募集や管理・修繕などのほか、たとえば信託財産を管理する口座を設定して、不動産の賃料収入の受入と固定資産税や管理費の支払いなどを行う
・なお財産の名義は長男だが、母親のために管理しているだけなので、相続の時には母親の財産としての相続財産になる

20

法定後見制度とはどのようなものですか。

認知症の人などに代わって法律行為を行う

　成年後見制度は判断能力の不十分な人を保護するため、法律行為を助ける人を選任し、本人の行為能力を制限し代わって法律行為を行う制度です。具体的には、認知症、知的障害、精神障害などを患《わずら》っている人々が対象と考えられています。このような人たちは、不動産や預貯金などの財産を管理したり、遺産分割の協議をしたりする必要があっても、自分でこれらのことをするのは簡単ではありません。また自分に不利益な契約であっても、よく判断ができずに契約を結んでしまい、悪徳商法の被害にあうおそれもあります。

　制度には「法定後見」と「任意後見」の2種類があり、さらに法定後見には「後見」「保佐」「補助」の3つの種類があります。

　まず「後見」の対象となるのは、自分の財産を管理したり処分したりすることがまったくできない人です。次に「保佐」の対象になるのは、簡単な契約はできるが、重要な財産を管理したり処分したりするには、常に援助が必要な人です。「保佐」では保佐人が不利益な契約を取り消すことができるというのが最も重要な点であ

成年後見制度とは

成年後見制度

- **法定後見制度**
  - **後見**……判断能力がまったくない場合
  - **保佐**……判断能力が著しく不十分な場合
  - **補助**……判断能力が不十分な場合
- **任意後見制度**

り、訪問販売などで高額な商品を買わされる高齢者への活用が期待されています。

最後の「補助」の対象になるのは、判断能力が不十分ながら自分で契約などができるが、誰かに手伝ってもらったり、代わってもらうほうがよいと思われるような人などです。

借入や投資用不動産の購入は難しい

法定後見人には、弁護士や司法書士などが選ばれるようですが、借入をして投資用の不動産を購入することなどは、本当に本人のためかの判断が難しいため認められない場合もあります。したがって相続税対策として、借入金で賃貸マンションを建築したりする場合は、次ページで紹介する任意後見制度を利用すべきでしょう。

21

任意後見制度とはどのようなものですか。

行ってほしいことは代理権目録に記載

任意後見制度とは、将来の後見人の候補者を本人があらかじめ選任しておくものです。法定後見が家庭裁判所の審判によるものであるのに対し、任意後見は契約です。この契約には公証役場の公正証書で結んでおくことが必要です。

この制度のメリットは、本人の意思で信頼できる人を後見人にできることです。認知症などになった場合の生活のあり方について、できるだけ自分のことは自分自身で決定しておきたいという人に向いています。また、遺言と合わせて利用することにより、本人の意思に沿った確実な資産承継が可能になります。

契約の締結時に代理権目録を作成し、そこに印鑑の保管から不動産取引、預金の引き出し、年金の受領、生活費の送金、病院との入院契約、介護契約、要介護認定の申請などを記載しておけば、代わって行ってもらうことが可能です。

なお、任意後見契約は、弁護士、司法書士など家庭裁判所で選任された任意後見監督人が必要で、任意後見監督人が選任された時から効力を生じます。

任意後見契約と相続

事項	契約の成立から終了までの過程
契約の成立	①委任者(本人)と任意後見受任者との間で、公正証書によって任意後見契約を締結する。
登記	②公証人が、登記所に対して、任意後見契約の登記を嘱託する。 ↓ ③本人が、精神上の障害により合理的な判断を下す能力が不十分になる。 ↓ ④本人、配偶者、四親等内の親族または任意後見受任者が、家庭裁判所に対して、任意後見監督人の選任を申し立てる。
契約の効力が発効	⑤家庭裁判所が任意後見監督人を選任する。任意後見受任者は、任意後見人となる。 ※なお、任意後見監督人が選任される前は、本人または任意後見受任者は、いつでも公証人の認証を受けた書面によって、任意後見契約を解除することができる。 ↓ ⑥任意後見人による委任事務の遂行と任意後見監督人による監督が行われる。
契約の終了	⑦任意後見契約の終了 1．任意後見人の解任 2．解除 3．本人が後見開始の審判を受けた時 4．本人の死亡、任意後見人の死亡や後見開始の審判を受けた時

第2章

いちばん知りたい「節税編」

相続に関する、大きな関心事の1つに、「いかに相続税をおさえることができるか」があります。相続税の節税対策は、相続の前に、しかもできるだけ早く取り組むことで効果が高まります。節税の基本から、今すぐ取り組みたい方法までをご紹介します。

22 相続が発生しましたが相続税が払えるか心配です。

よく税理士のところには「親が亡くなると相続税がかかるそうだけど、払えるか心配です」という相談があります。たしかに、亡くなった被相続人の財産を相続人である妻や子どもが受け取る際には、相続税がかかります。納税するのは相続人で、それぞれの取得金額に応じて税率と控除額が決められています（次ページの「相続税の速算表」を参照）。

相続税早見表を利用する

しかし、実際の計算は複雑ですから8・9ページの「相続税早見表」を活用して相続税がかかるかどうかを相続が発生する前に知っておくとよいでしょう。

生前から相続税をシミュレーションする

相続が発生すると、多くの人は、いったい何から手を付けていいのかわからなくなってしまいます。

そうならないように、生前から財産の相続税評価額を把握しておくと相続対策の検討がスムーズに行えます。財産の額を理解しておくと、遺産の分割方法を検討できたり、おおよその相続税の納税額もはじき出すことができるからです。そして納税額がわかれば、納税資金の準備も始められます。

相続税の速算表

法定相続人の取得金額	税率	控除額
1,000万円以下	10%	—
1,000万円超3,000万円以下	15%	50万円
3,000万円超5,000万円以下	20%	200万円
5,000万円超1億円以下	30%	700万円
1億円超2億円以下	40%	1,700万円
2億円超3億円以下	45%	2,700万円
3億円超6億円以下	50%	4,200万円
6億円超	55%	7,200万円

かるかチェックしていきましょう！

基礎控除は3600万円から

「親が亡くなると必ず相続税の申告をしなければならない」とか「誰でも相続税を払わなければならない」と勘違いしている人がいますが、実際のところ、相続税の基礎控除は、3000万円＋（600万円×法定相続人の数）で計算します。たとえば、相続人が妻と子ども2人であれば、基礎控除は3000万円＋（600万円×3）＝4800万円となり、正味の財産が4800万円以下であれば、相続税の申告は必要ありません。

相続財産の評価と相続税がわかれば、誰にどれだけの遺産を分割するか、納税資金の準備としてどの土地を売却するか、預金でいくら納税できるかなどの準備ができます。

23

相続対策のポイントを教えてください。

もめないことと払いすぎないこと

相続対策の基本原則で相続開始前にできることとは、①「もめないための対策」をして円満な相続、円満な分割を心がけること、②いざという時でも慌てないよう「納税資金を準備する」こと、③納税額を低くする「節税対策」をすること、の3つです。相続発生後にできることは、①納税をスムーズに進めるための「納税方法の検討」、②「相続税の減額・還付の検討」です。

相続開始前と相続発生後の双方の対策について考えてみましょう。

〈相続開始前にできること〉

① 「もめないための対策」として遺言書の作成が大切です。遺言書を作成して、親が意思を明確にしないと、子どもたちが遺産をめぐって、骨肉の争いを繰り広げ、後で親戚づきあいが途絶えてしまう例がよく見られます。こうした遺産分割をめぐる争いを防止するために、遺言書を作成することが必要です。

しかし、単に親の意向だけで作成してしまうと、売却しようとした土地だけでは相続税が払えないなどのトラブルが起こるので、まず相続財産を適正に評価して相続税を計算したうえで、分割方法を検討しましょう。

たとえば、土地については、(イ) 納税に充てる土地、(ロ) マンション建築など有効活用する土地、(ハ) 絶対残したい土地、の3つに分けて遺産の分割を検討すべきです。

② 「納税資金を準備する」という点については、相続税を支払うのは相続人である子どもたちなので、早めに子どもたちへの生前贈与をする、納税資金を貯めるために生命保険に加入する、不動産管理会社を設立し子どもに給料を支払うなどして資金を貯めておいてもらう、といった対策をすることです。また、貸地は収益性が悪いにもかかわらず相続税は思いのほかかかるため、事前に整理をするといった準備が必要です。

③ 「節税対策」としては、マンションの建築や購入などによる相続税評価額の引き下げ、固定資産税の減額、不動産管理会社を利用した所得税の節税などが考えられます。

〈相続発生後にできること〉

① 「納税方法の検討」としては、現金納付をしてもその後の生活に無理がない金額を算定し、売却用地の選定をスムーズに進め、相続税を無理なく支払えるように検討することです。延納・物納という選択肢も同時に検討します。

② 「相続税の減額・還付の検討」については、相続税は土地の評価方法次第で減額できる可能性があるので、税理士や不動産鑑定士などを利用して減税に努めてください。一度納めた相続税でも、申告期限後5年以内であれば還付してもらうことが可能です。

24 相続税の節税対策で失敗しない方法を教えてください。

ポイント① 養子縁組をして相続人を増やす

相続税は累進税率になっているので、相続人の数を増やせば、節税になります。たとえば、1・2億円の財産を2人で申告すると、1人当たり6000万円で、税率は30％です。ところが3人になると、1人当たり4000万円なので、税率は20％に下がり節税になります。また、相続人が1人増えるだけで、相続税の基礎控除額は600万円増えます。

民法上は、養子縁組できる人数に制限はありませんが、相続税の計算上は、実子がいる場合は1人、実子がいない場合は2人までしか養子は法定相続人として認められません。

ポイント② 所有不動産の評価額を下げる

所有している土地が未利用だったり遊休地だったりすると更地《さらち》評価といって評価減とならないのに対し、マンションを建てて人に貸すと「貸《か》家建付地《しやたてつけち》評価」として一定の評価減ができます。さらに建物の相続税評価額は、建築価額より低い固定資産税評価額を基準として計算され、賃貸物件であれば借家権割合が控除になるので、建物を建てること自体が相続税評価額を大きく下げることにつながります。マンションの購入も同様の評価減が得られます。

ポイント③ 返済可能な借入金にする

マンションを建築・購入する際は多額な資金が必要になるため、借入をします。借入金は相続税法で全額債務控除となるので、相続税を減額する効果があります。ただし、利回りを無視して必要以上に豪華なマンションを建築・購入した結果、財産を失う人も少なくありません。全額借入でなく自己資金も入れて、将来の家賃収入の減少も考えても借入金の返済が可能かよく検討したうえで、マンションの建築・購入を考えてください。

ポイント④ 生前贈与で財産を減らしておく

「贈与税は高い」という先入観を持つ人が多くいますが、年間110万円までの基礎控除分に限って贈与するだけでも、多くの節税が可能です。贈与は相続とは違い、法定相続人に限られないので、たとえば、子どもだけでなく孫や子の配偶者などに贈与することが可能です。たとえば、5人に110万円贈与すればそれだけでも1年間で550万円も無税贈与できます。なるべく早く生前贈与を始めて、長時間実行すると効果が増大します。

ポイント⑤ 納税資金を用意する

相続税対策をしても相続税が0になることはまれなことであり、相続税の納税資金を準備することが大切です。

準備の方法としては、①マンション収入の余剰金を貯めて現金の準備をする、②相続税の納税資金として生命保険に加入する、③土地を売却して支払う、などの方法が知られています。

25

相続対策として、不動産はどう活用すればよいのでしょうか。

まず利用状況を正確に把握し、分類する

相続財産に不動産が含まれる場合、父親や母親などがどのような資産を持っているのかを正確に把握しておく必要があります。

まずは、資産の実地調査をしましょう。できれば税理士や不動産鑑定士などの専門家と一緒に見て回り、意見や報告をもらい、相続財産全体の相続税評価額から予想される相続税額を把握して、相続対策として資産を用途別に分類することから始めましょう。

用途別の分類は、自己使用の自宅、駐車場や貸宅地、貸家・マンションの用地など、利用状況に応じて分類します。

ここで大切なのは、不動産の個々の売却可能価額などの時価や相続税評価額などから財産としての価値を確認するだけでなく同時に、どれだけの収益が将来想定できるかなど、その物件から得られる収入やキャッシュフローを計算することです。

また、売却予定の不動産や物納予定の土地については、測量が終わっているかどうかを確認しましょう。物納の書類の準備には時間がかかるので、相続前に境界を確定し、分筆《ぶんぴつ》しておく

ことをおすすめします。

最初に処分するのは利用価値が低い土地

複数の土地を保有しており、そのうちのいくつかを処分しなければならない時には、利用価値が低い土地から処分するとよいでしょう。

買い手のつきやすさから考えれば、収益率の高いものから売るという選択肢を採用しがちです。たしかに、売りやすいところから処分してしまう地主さんもいますが、収益率の高い物件はなるべく残したほうがその後の生活を考えるとよいのです。

最善なのは、事前の準備をして利用価値の高い土地を残していくことでしょう。特に、貸宅地のように借地権者のいる土地は相続税評価額が高いわりに、利用価値が低く収益性も悪い物件が多いので、売却や物納を考えて整理していくことをおすすめします。

また、相続をした子どもがそれを維持できないなどのミスマッチが起きないように不動産教育をしておくことも大事です。

父親と子どもで不動産管理会社を設立して、2人で会社を通じて不動産の管理収益状況をチェックするとよいでしょう。不動産に対する考えを理解してもらい、管理する能力が子どもにも備わってくれれば、相続が発生した後も、先祖伝来の土地を「売却してしまいたい」というようなことが起きないと思います。

あらかじめ、相続人となる予定の人に不動産を所有する目的を教育しておくことをおすすめします。

26

なぜアパート・マンションを建築すると節税になるのですか。

貸家が建っている土地は評価減となる

たとえば、相続税評価額1億円の更地に建築価額1億円の賃貸マンションを、借入金1億円で建築したとすると相続税評価額は1700万円になります（次ページの表を参照してください）。

なぜなら、アパート・マンションを建築すると建物の評価が固定資産税評価額を基準として計算され、借家権割合が30％控除されること、および土地が貸家建付地評価として評価されるためです。詳しく解説していきましょう。

まず、建物の相続税評価は建築費より低い固定資産税評価額を基準として計算することになります。固定資産税評価額は、木造や軽量鉄骨造りが建築費の3～5割、鉄筋コンクリートや重量鉄骨造りが4～6割程度が目安です。都(県)税事務所の担当者が、建築後の現物を確認のうえ、正式な評価額を決定します。

また、貸家の相続税評価は、固定資産税評価額から借家権割合30％を控除して計算することになります。ここでは、固定資産税評価額を建築費1億円の50％として5000万円としました。さらに借家権割合30％を控除して、相続税

貸家を建築した時の相続税評価額

	時価	相続税評価
建物の評価	1億円	1億円×50%×(1−0.3)＝3,500万円 （50%：固定資産税評価額、0.3：借家権割合）
土地の評価	1億円	1億円×(1−0.6×0.3)＝8,200万円 （0.6：借地権割合、0.3：借家権割合）
借入金	▲1億円	▲1億円
合計	1億円	1,700万円

注1：建物の相続税評価額は、固定資産税評価額が基準となります。ここでは、固定資産税評価額を建築費の50%としました。アパートの場合には、他人に賃貸しているので、借家権割合30%が控除できます。

注2：アパートを建てている敷地は、貸家建付地評価として、借家権割合×借地権割合（割合は建築する場所によって違います）が控除できます。

評価額は3500万円になります。建物を賃貸していると、賃貸人は一定の正当事由がない限り、建物賃貸借契約の解除の申し出ができないため、立退料の支払いをしなければ借家権を消滅できません。そのため、賃貸していない建物に比較して、価値が低下するため、その低下部分を借家権割合として30%控除することになっています。

さらに、賃貸マンションの敷地は更地価額から借地権割合×借家権割合を控除した※貸家建付地として計算するというのが3つ目の理由になります。ここでは、借地権割合は60%、借家権割合は30%として計算すると18%評価減ができますので1億円の土地が8200万円となります。

※貸家建付地《かしやたてつけち》……貸家が建っている敷地をいう。貸家が建っていると更地に比べ18～21%の評価減となります。

27 借入金と現金とでマンションを建築するのではどちらが有利？

借入でも現金でも効果は一緒

「マンションを建築して節税する時は、借入をしないと節税にならない」と説明された人や、賃貸物件の収入が順調で早めに借入金を返済しようとした時に、「銀行に借入金を返済すると相続税が増えるから返済しないほうがよい」といったアドバイスを受けた人も多いと思います。

しかし実は、アパート建築による節税効果は、建物の評価が建築費よりも安くなることによる効果であり、現金であっても、借入金であっても同じです。

たとえば、現金1億円を持っている人が、

（イ）この現金でアパートを建築した場合

（ロ）現金1億円はそのままにして、借入金の1億円でアパートを建築した場合

を比較してみると、次ページの表のようになります。

現金でアパートを建築した場合、建物の建築代金を支払えば、現金1億円は0になります。

建築したアパート1億円は、相続税評価額が固定資産税評価額（50％として計算）を基礎に計算されることと借家権割合30％の控除により

借入金と現金で建てるのではどちらが有利か

イ．現金でアパートを建てた場合（現金→アパート）

財産	相続税評価額
現金	1億円 ➡ アパートの建築に ➡ ゼロ
アパート	1億円×50%→5,000万円×（1−0.3）＝**3,500万円** （50%：固定資産税概算評価／0.3：借家権割合）

ロ．借入金1億円でアパートを建てた場合（借入金→アパート）

財産	相続税評価額
現金	1億円
アパート	1億円×50%→5,000万円×（1−0.3）＝**3,500万円**
借入金	▲1億円
合計	**3,500万円**

3500万円の評価となります。よって、相続税の評価額合計は建物の評価額3500万円となります。

次に、現金は使用しないで全額借入金でアパートを建築する場合を考えてみると、まず1億円はそのまま残ります。建築したアパートの評価額は先の現金での評価額と同額の3500万円となります。建築は、借入金で実行するわけなので、1億円が借入金となります。よって、相続税評価額は3500万円となります。

つまり、評価は3500万円で、どちらも同じになります。ですから、「借入をすれば財産が減るので相続税対策になる」という意見は、一面的な見方だといえるでしょう。

ですから、マンション建築時や購入時に自己資金を入れると節税にならないなどと考える必要はありません。

28

親子間売買による相続税対策で気をつけることはありますか。

二次相続税対策としての親子間売買

相続税対策としては、77ページのように新たに賃貸建物を建築すると効果があります。ただ、すでに賃貸建物は父親が建築済みでこれを相続で子が取得した場合には、子が所有している賃貸建物を母親に売却する方法もあります。

所有しているアパートの建築価額が1億円とします。計算を簡単にするために減価償却費の計上がなく、未償却残高も1億円とします。この物件の固定資産税評価額はおよそ5000万円ですので、借家権の30％を引いて3500万円（5000万円×（1－30％））が相続税評価額となります。つまり、6500万円（1億円－3500万円）の相続財産圧縮効果があります。

親子間売買による譲渡所得課税はない

子の所有している賃貸建物、相続税評価額3500万円、時価＝未償却残高1億円を親に**時価1億円で譲渡**、母親はこの代金を銀行から借入をして支払います。

建物の譲渡については、子は未償却残高1億

子から母親へアパートを売却する

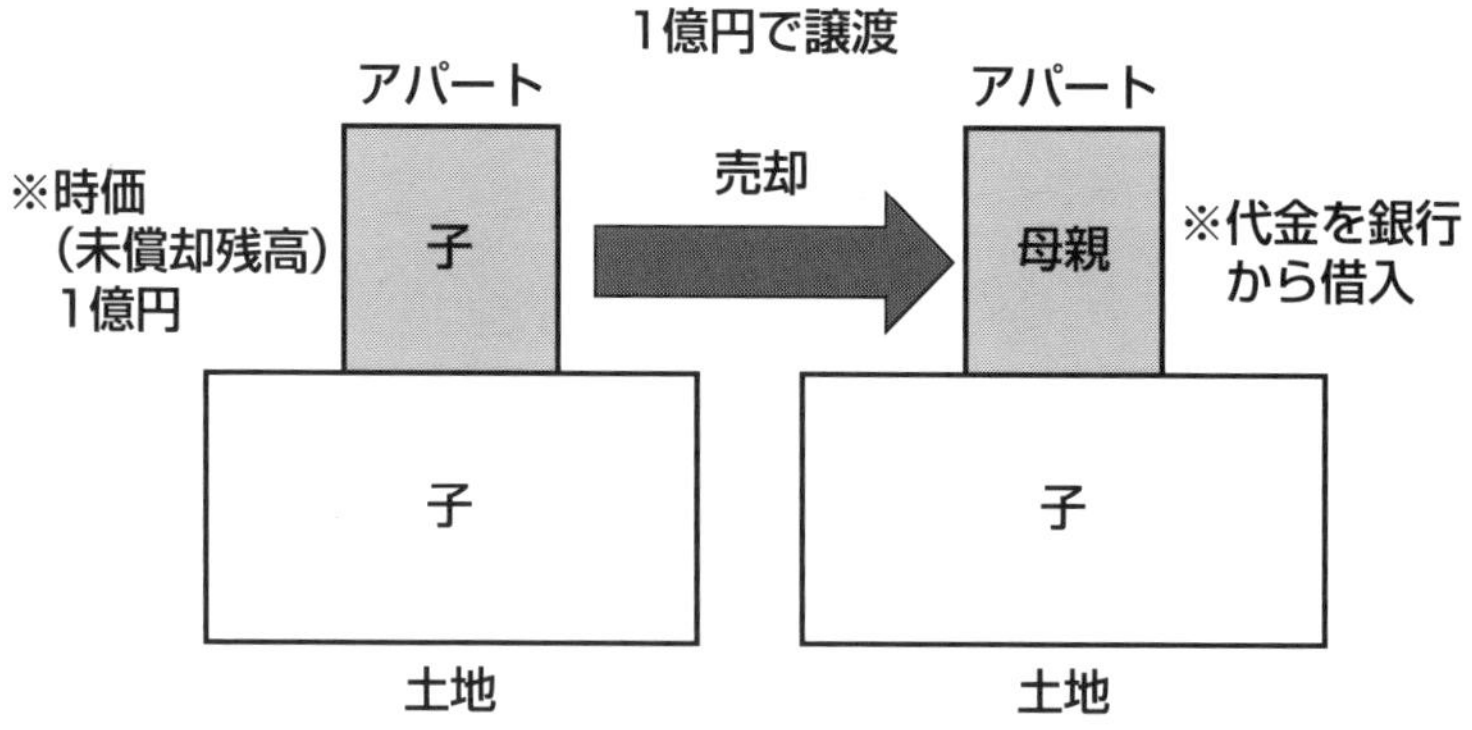

円のアパートを1億円で譲渡しますから、売却収入1億円－取得費1億円＝売却益ゼロ円となり、譲渡税は課税されません。また、土地については、子がそのまま所有し続けます。

親子間売買による注意点

親子間売買は相続税対策として効果的ですが、次の事項に注意する必要があります。

1　親が賃貸建物を取得することができる経済力を有していて、この賃貸建物を取得することに経済合理性があること。

2　借入金の返済がこの賃貸収入等で親が可能であること。

3　この賃貸建物を担保にするなど融資の正式な手続きを行っていること。

4　子所有の土地について無償とするか、相当の地代を支払うかの検討が必要です。

29 養子縁組をして相続人を増やすと節税になると聞きました。

簡単ですぐできる養子縁組

相続税対策のなかでも比較的簡単で、すぐにできるのが養子縁組をすることです。長男の息子を跡継ぎにするなど、孫を養子にすることで、一世代飛ばした相続も可能です。通常の相続だと、父→子→孫と孫の財産になるまでに2度の相続税が発生するわけですが、養子縁組をすれば、それが一度ですむことになります。

そして相続人が1人増えることによって、相続税の基礎控除額が600万円増え、さらに1人増えることによって税率が下がります。総資産3億円の人を想定すると、次ページのように大きな節税効果があります。また、1人当たり500万円ある生命保険や退職手当金の非課税枠も、1人分追加されます。

なお、税法上の養子縁組で特典を受けられるのは実子がいる場合は1人、実子がいない場合は2人までです。

民法上は、養子縁組できる人数に制限はありません。孫養子であれば実の両親が証人になれるなど、養子になる人が20歳以上であれば、婚姻届と同じように、養子を取る人と一緒に簡単な手続きを行うだけです。

養子縁組をすると相続税額はどうなるか

	総資産	法定相続人	基礎控除	課税対象額	相続税額
現状	3億円	実子2人	4,200万円	2億5,800万円	6,920万円
養子縁組をした場合	3億円	実子2人と孫養子1人	4,800万円	2億5,200万円	⇩ 5,460万円

相続税額は、孫養子が財産を取得しなかった場合の税額です。実際に孫養子が財産を取得した場合には、その孫養子に対する相続税額が2割加算となります。

ポイント

現状と養子縁組をした場合を比較すると……

6,920万円－5,460万円＝ **1,460万円**（節税額）

未成年者の養子縁組は要注意

養子が相続開始時に未成年者だった場合には、特別代理人の選任が必要です。

特別代理人は相続人以外の親族がなることが多いですが、特別代理人の選任を家庭裁判所に申請する時に、遺産分割協議書案を提出することになります。その協議書の内容が未成年者に不利なものである場合には、特別代理人の選定が認められませんので、注意してください。

実子が健在の場合は2割加算

平成15年からは、実子が健在なのにその子どもである孫を養子として、財産を取得させた場合は、この孫に対する相続税額が2割加算されるようになりました。この条件が付いても、養子縁組はしたほうが一般的には節税になります。

30 生命保険への加入は相続税対策として有効でしょうか。

相続が発生した直後に資金が得られる

生命保険は、相続が発生した時に、すぐに資金が得られるので貴重な相続税対策といえます。

貯蓄の場合、今月から10万円の積み立てを始めて、翌年に相続が発生しても、１２０万円の現金にしかなりません。生命保険の場合は、今月に1回目の保険料10万円を支払って1億円の保険に加入すれば、たとえ翌日に亡くなったとしても、満額の1億円を受け取ることができます。したがって、生命保険は、いつ起こるかわからない相続の納税資金対策としてはとても有効な方法なのです。

生命保険は年齢や健康で加入できないという制約もありますので、気がついた時には遅かったということのないよう早めの手続きが必要です。もちろん、生命保険で相続税の全額がまかなえるということではなく、ある程度加入しておけば納税にゆとりが出るくらいに考えたほうがよいでしょう。

生命保険の非課税枠の利用

相続税の対象となる生命保険については法定

相続人1人当たり500万円の非課税枠があるので有効な相続税対策となります。

たとえば、相続人が、母と子の2人である場合で、生命保険金の金額が1000万円の場合、非課税枠は500万円×2人＝1000万円なので課税はされません。

1200万円の場合には、非課税枠1000万円との差額200万円が課税されます。二次相続のことも考えると保険金受取人は子どものほうがよいでしょう。

なお、生命保険金は、税務上は、みなし相続財産として相続税の対象になりますが、民法上は相続財産ではないため、遺留分や遺産分割協議の対象にはなりません。

つまり預貯金を相続する場合には、遺産分割協議がまとまるまで預金口座が凍結されてしまいますが、生命保険の場合には短時間で現金化が可能ですので、納税資金のほかに当面の生活資金としても有効です。

売却予定地も生命保険で生き返る

たとえば、売却予定として考えていた土地にマンションを建ててしまった場合。売却や物納をするのに適当な土地ですが、建物を建ててしまったのでどちらにもできません。相続税評価額は確かに減りましたが、それでも税金はかかるので、なんとか払わなければなりません。そこで、毎月入ってくる賃貸収入から保険料を払って、終身保険に入りました。

この判断のおかげで、相続時にも保険金を使って税金の大半を払うことができ、若干手持ちの預金を使えば納税のハードルを越えられるようになりました。

31

生命保険金にはどのような税金がかかりますか。

契約方法によって課税される税金が違う

生命保険金は、それを受け取った際に税金がかかりますが、生命保険の契約で、「契約者」「被保険者」「保険金受取人」をどうしたかで、相続税、贈与税、所得税のいずれかになります。

まず、①契約者が父、被保険者が父、保険金受取人が子という場合を考えてみましょう。

この契約は、契約者が父で自分に生命保険をかけその受取人は子、という一般的なパターンです。この場合、父の死亡時に生命保険金が支払われ、父の相続財産として、相続税が課税されます。ただし、生命保険金には、相続税法で非課税枠があるので、相続人1人につき500万円までは課税されません。

次に、②契約者が父、被保険者が母、保険金受取人が子という場合はどうでしょうか。

この契約は、母が被保険者となり、父が保険料を負担し、母の死亡時には子が保険金を受け取るパターンです。子は、母の死亡時に保険金を受け取りますが、実際に保険料を負担していたのは父なので、父から子への贈与として、贈与税が課税されます。

贈与税の基礎控除は110万円ですが、税率

生命保険金と税金

	契約者	被保険者	保険金受取人	税金の種類
①	父	父	子	相続税
②	父	母	子	贈与税
③	子	父	子	所得税

①の場合には相続税が課税されます。
②の場合には贈与税が課税されます。
③の場合には一時所得として所得税が課税されます。

は保険金額により、累進的に変化します。

最後に、③契約者が子、被保険者が父、保険金受取人が子の場合を考えてみましょう。父を被保険者として、子が保険料を負担し、その死亡時には子が保険金を受け取るパターンです。この場合、父の死亡時に受け取る生命保険金は一時所得として(生命保険金の金額－支払保険料－50万円)÷2で計算され、これが給与所得など他の所得と合算され、所得税、住民税が課税されます。

保険契約者と保険の負担者が違う場合

①、②、③のケースでは、「契約者＝保険料負担者」を前提としてきましたが、実際には、契約者は子であっても、保険料の負担は父がしていたということがあると思います。この場合、税務上は実際の保険料負担者を契約者とみなして、課税関係が決まります。

32 小規模企業共済に加入すると相続税対策になると聞きました。

事業主のための退職金制度

「小規模企業共済」とは、商売をしている個人事業主、または、会社の役員などが、廃業、退職した場合の一時金として利用できる共済制度であり、「事業主の退職金制度」といえるものです。

アパート・マンションの賃貸をしている人も会社に勤めているわけではないので、事業をやめたり子どもに事業を譲ったりしても退職金はありませんが、この制度を利用すると退職金がもらえます。

この小規模企業共済の掛金は、「小規模企業共済等掛金控除」として全額が所得から控除されるので、所得税の節税対策になります。毎月の掛金の最低金額は1000円、上限金額は7万円です。毎月、上限金額の7万円で年間84万円を支払った場合には、課税所得が200万円の場合は12万9400円（約15％）の節税に、課税所得が1000万円の場合は36万7000円（43％）の節税になります。

事業をやめた時に、一時払い（1回で全額を受け取る場合）で受け取る共済金は、退職所得となります。分割で受け取る場合は、公的年金と同じ取り扱いの雑所得となります。なお、死

小規模企業共済による一時金

共済事由 掛金月額10,000円の場合の例		共済事由	共済事由	共済事由	解約事由
		事業の廃止 個人事業主の死亡	老齢給付（65歳以上で、180カ月以上納付）	配偶者、子への事業譲渡	任意解約
掛金納付月数	掛金合計額	共済金A	共済金B	準共済金	解約手当金
60カ月	600,000円	621,400円	614,600円	600,000円	掛金納付月数が240カ月未満の場合は、掛金合計額を下回ります
180カ月	1,800,000円	2,011,000円	1,940,400円	1,800,000円	
360カ月	3,600,000円	4,348,000円	4,211,800円	3,832,740円	

※平成26年4月以降の加入

亡時に一時払いとして受け取る共済金の所得税は非課税です。さらに、この共済金は死亡退職金として取り扱われて、５００万円×法定相続人の数の金額までは相続税も非課税となります。

所得税が節税され、死亡退職金であれば非課税限度額５００万円が使えるので、相続税対策にもなるわけです。なお、解約時の返戻金《へんれいきん》（退職金）は、受け取る時の理由によって金額が異なり、上の表のようになります。

この制度に加入できるのは、個人事業主のなかでも常時使用する従業員の数が20人以下（商業・サービス業は5人以下）の人、および会社の役員などです。ですから、アパート・マンションの賃貸をしている人も加入できます。

商工会議所、商工会連合会および市町村の商工会、青色申告会、銀行、信託銀行、信用金庫で手続きが可能なので、ご検討ください。

33

従来の相続税対策にはどのような問題点がありましたか。

土地の運用成績に関心が向かなかった

これまでの節税対策の問題点をご存じでしょうか？

これまでの節税対策は、土地を維持することばかりに関心がいきすぎて、建築費用や借入金利息、家賃収入といった利回り・運用成績についてあまり考えられていませんでした。

たとえば、先祖伝来の土地を次の世代に引き継がせることばかりに関心が向かい、そこから収入を得て利益を上げるという点に関心がいかなかったのです。

不動産投資家であれば持っているであろう投資の収益性の観点、つまり、マンションを建築・購入したことによって、いかに有利な運用ができ、どれだけのお金が残ったかという観点については重視されてきませんでした。実際、相続税対策だからといって、利回りを無視して必要以上に豪華なマンションを建築・購入した結果、財産を失うといったこともありました。

もちろん今は、収益性や現金収入のほうに関心の対象が移ってきているので、運用の大切さは理解されるようになっていますが、それにしても後継者に財産を譲ることだけしか考えていない方もまだ多くいるのではないでしょうか。

土地を売却するのは難しい

読者のなかには地主さんもいらっしゃるはずですが、土地の購入代金を考えないで建物の建築費だけを投資金額と考え利回りを計算していないでしょうか。本当はこれだけでは不十分で、土地も購入すればお金がかかりますし、土地を売却すればお金になるわけです。土地を売却して建築費に回すという選択肢も十分に検討してみるべきでしょう。

景気が悪くなると不動産の取引が減少しますので、不動産の売却のタイミングは難しいものです。これはバブル崩壊の頃の話ですが、ニューヨークでロックフェラーセンタービルの売却が遅れ、1500億円も損失を出した日本企業のことを覚えている方もいるかもしれません。

このケースは建築ではなく、ビルと土地の購入です。このように、土地を購入しての相続対策は、土地があって建築するよりリスクが高いのでそれに見合った高い利回りが必要ですが、実際にはうまくいかないものです。

また、不動産投資信託（リート）に投資した場合には、現在3〜4%ほどの利回りが得られています。マンションを建築する際に、マンションを建築しないで土地を売却して不動産投資信託（リート）にした場合とどちらが有利かを考えることもとても大切です。

土地は単に所有するだけでなく、そこから得られる収益がむしろ大事な時代になってきているので、収益性が悪い土地をそのまま相続させるのでは、問題点の解決にはなりません。

34 配偶者の税額軽減のポイントを教えてください。

配偶者の税額軽減は1／2か1億6000万円

配偶者は、全財産の1／2か1億6000万円までは「配偶者の税額軽減」により相続税はかかりません。どちらか軽減額の大きいほうを利用することができます。

たとえば、土地、建物などの財産から借入金などの債務を控除した金額（「課税価格」といいます）が、5億円の場合、妻と子ども2人が相続人とすると、相続税の総額は1億3110万円です。

妻が課税価格の1／2、2億5000万円を相続すると、6555万円（1億3110万円÷2）は、配偶者の税額軽減により納税額は0になります。子ども2人は残り6555万円分の相続税を納付することになります。

しかし、一次相続で適用できるこの配偶者の税額軽減が二次相続（子どもが相続する時）では使えないので、一次相続で計算した税額と同額に近い税額（事例の場合は4920万円）がかかります。

配偶者が夫の財産を相続した後の対策も考えて一次での相続対策を考えることが必要です。

また、配偶者の税額軽減は相続人が配偶者と子の第1順位の場合には1／2までですが、第2順位の親との相続では2／3、第3順位の兄弟姉妹との相続では3／4が非課税となります。

遺産分割が決まらなくても納税する

遺産の分割が相続税の申告期限までに決まらない場合（未分割）には、民法で定められている法定相続割合で相続したものとみなして相続税を計算し、各法定相続人が相続税の申告書を提出してその法定相続割合に応じて納税します。また、未分割の時は配偶者の税額軽減の適用を受けることができないため、配偶者も税金をいったん支払わなければなりません。

なお、この税額軽減の特例を受けるためには、相続税の申告書提出時に、「申告期限後3年以内の分割見込書」を提出する必要があります。相続税の申告書を提出後に遺産が分割された場合には、分割された日から4カ月以内に「更正の請求」という手続きをとって、いったん納付した税金を還付してもらいます。この適用は、原則として相続税の申告期限後3年以内に分割された場合に適用できます。

仮装、隠ぺいがあった場合

税務調査で隠していた財産が発見された場合には、その仮装、隠ぺいされた財産は配偶者の税額軽減の財産には含めないとされ、配偶者の税額軽減が受けられません。

つまり、相続時に正しい申告をした場合に受けられる配偶者の税額軽減が仮装、隠ぺいがあった財産には受けられませんので高い相続税を支払うことになりますので注意が必要です。

第3章

節税対策の基本「生前贈与編」

生前に財産を贈与し、相続財産を減らすことで、相続税の節税対策になります。もちろん、贈与には贈与税が課税されますが、資産によっては、一定条件を満たすことで、控除を受けられることもあります。生前贈与のポイントを見てみましょう。

35

生前贈与の基本について教えてください。

贈与税の基礎控除額は1人当たり110万円

相続対策の基本は「もめないこと」ですが、節税対策の基本は相続人など家族に現金預金などを贈与することです。親が亡くなった後の相続で財産を取得すると、あまりありがたみが感じられないですが、生前に贈与すると子どもに親の気持ちが伝わるので、子どもたちは親に感謝の気持ちを持ちます。特にお金が必要な時期に計画的に贈与してもらえることは、教育費や住宅ローンなどの悩みを抱えている世代にはうれしいのではないでしょうか。

このような生前贈与にあたっては、「いつ」「誰に」「何を」「どれだけ」贈与すればよいのか、効果的な方法を検討して、早めに始めるとよいでしょう。

将来の財産分与を考え、家を継ぐ長男などだけでなく、次男や三男などの家族にも贈与すれば、財産分けのトラブル防止にも役立ちます。

なお、贈与税の基礎控除額は1人当たり年間110万円（この贈与を暦年贈与といいます）となっており、長期間に分割して贈与するほうが贈与税の負担を軽減することができます。

暦年贈与による節税効果

ケース
遺産総額6億円

	対策をしない	毎年110万円贈与
相続財産	6億円	3.8億円
贈与財産	0	2.2億円
相続税	7,837万円	3,805万円
贈与税	0	0
税額合計	7,837万円	3,805万円
節税額		4,032万円

相続人4人で考えてみると……

たとえば、Aさんの遺産総額が6億円で法定相続人が妻と子ども3人の場合は、配偶者控除後の相続税は7837万円です。そこでAさんが、長男、次男、三男の家族を含めて、10人に110万円を20年間にわたって贈与(単純贈与、もしくは暦年贈与といいます)したとすると、贈与金額110万円を10人なので、1年間で1100万円の贈与ができます。これを20年間継続すると、1100万円×20年となり、2・2億円も贈与できます。相続財産は6億円－2・2億円＝3・8億円となるので、相続税は3805万円となります。

これをまとめると、上の表のようになります。

36

贈与税の基礎控除内で

毎年贈与を行ってもよいのですか。

連続している年数は問題ではない

昔は、毎年贈与していると、連年贈与とみなされ、10年間連続した場合などには10年分を合計し、贈与税が課税されていました。今でも、毎年同じ金額を贈与すると連年贈与だとして問題にする人がいますが、そういう理由で贈与税を課税することには無理があったため、この根拠となっていた通達は廃止され課税されなくなりました。

贈与を贈与と認めてもらうためには、次のポイントに注意して贈与を行うことが必要です。

①贈与された者に、贈与を受けたという認識があること

父親が子ども名義の預金をする時に、子どもたちにまったく知らされていないことがよくあります。この場合には、父親が子どもの名を借りて預金したと判断され、贈与とは認められません。

②預金の管理処分は贈与を受けた人が行うこと

贈与を受けた人（子ども）がきちんと財産を管理していることが必要です。したがって、小学生ぐらいの子どもでは財産の管理能力があるとはいいがたく、15歳ぐらいの年齢に達していることが必要とされます。ただし、親権者（母親）などが代理人となり、管理の代行をすることはできます。

③預金通帳に使用する印鑑は、贈与者の印鑑ではなく贈与を受けた本人のものを使用すること

子どもの預金を勝手に引き出して父親が旅行の代金に使っていたり、子どもが預金を自由に引き出せないなど、預金の実質の所有者が子どもでないような場合には、贈与があったとは認められません。また、通帳の保管も本人または親権者が行うことが必要です。

贈与契約書を作って税務署から認めてもらう

④贈与を受けた証拠があること

贈与者（父親）の預金通帳から、贈与を受けた人（子ども）の通帳へ振り込んで、毎年110万円ずつを贈与したという証拠をきちんと残すとよいでしょう。さらに「贈与契約書」を作成することが大切です。特に未成年者への贈与を税務署から認めてもらうためには、贈与契約書を作成しておかなければいけません。

⑤110万円を超えた金額を贈与し、贈与税の申告をしておくと危険が少ない

1人当たり111万円を贈与した時の贈与税額は1000円です。このように極めて少額ですが、110万円超の贈与を行って贈与税の申告をし、後日税務署の調査があった時のために贈与税申告書を備えておくということも大切です。申告をする限り、もちろん、父親から子どもに預金が移動していることは必要ですが、贈与は認められるので、贈与を受けた人は、心配しないで税務調査時に贈与を受けた旨の意思表示をするようにしましょう。

37

子や孫への贈与税は優遇されていると聞きました。

子どもと孫への贈与が有利に

高齢者層が保有する資産をより早期に現役世代に移転させることにより消費拡大や経済活性化を図るため、平成27年から子、孫へ贈与した場合の暦年贈与の税率が緩和されました。

相続より有利になる贈与をどう活用していくか

① 受贈者はなるべく多く

受贈者として真っ先にあがるのが自分の配偶者と子どもですが、子どもの配偶者（＝お婿さん、お嫁さん）や孫にも贈与してあげれば、より多額の生前贈与が可能になります。

もし妻、長男夫婦と2人の孫、次男夫婦と2人の孫の合計9人に110万円ずつ贈与してあげれば、それだけで990万円もの財産を無税で移転できたことになります。

② 基礎控除額にこだわらない

贈与税は贈与を受ける人ごとに年110万円まで非課税となっています。1年間で110万円を贈与すれば、贈与税はかからずにすみますが、贈与税を払ってでも贈与したほうが有利な場合が多くあります。また、年111万円を贈与すると、贈与税を1000円支払いますが、

贈与税率一覧表

①一般の贈与と②父母、祖父母からの贈与（20歳以上の子・孫）

課税価格（基礎控除110万円を控除後の金額）	①一般の贈与		②父母、祖父母からの贈与	
	税率	控除額	税率	控除額
～200万円以下	10%	0円	10%	0円
200万円超～300万円以下	15%	100,000円	15%	100,000円
300万円超～400万円以下	20%	250,000円		
400万円超～600万円以下	30%	650,000円	20%	300,000円
600万円超～1,000万円以下	40%	1,250,000円	30%	900,000円
1,000万円超～1,500万円以下	45%	1,750,000円	40%	1,900,000円
1,500万円超～3,000万円以下	50%	2,500,000円	45%	2,650,000円
3,000万円超～4,500万円以下	55%	4,000,000円	50%	4,150,000円
4,500万円超～			55%	6,400,000円

贈与税の申告をすることで税務調査により贈与の事実が認められることが多いようです。

③ 長期戦でのぞむ

贈与は毎年することができますので、なるべく早い時期から長い時間をかけて贈与していくと節税額が多くなりますので、早めのスタートが大事です。

④ 孫は、相続開始前3年以内加算の対象外

生前贈与が相続開始前3年以内であった場合には、相続した相続財産に、この3年以内の生前贈与財産が加算されます。遺産を相続する配偶者の妻や子どもは加算の対象者になりますが、相続権がない孫やひ孫は、遺言で財産をもらわない限り、加算の対象外です。

38 生前贈与はどのくらいの金額が有利ですか。

実質負担率で贈与税が相続税より少ない時

まず相続税額を算出します。それから贈与したい財産に対する贈与税の実質負担率を出します。その贈与税の実質負担率が、相続税の実質負担率以下ならば有利だといえるでしょう。ここでは以下の事例を前提に考えてみます。

〈財産〉　〈評価〉
現預金　5000万円
土地　3億5000万円
合計　4億円

〈家族構成〉
妻と子ども2人（成人）

妻が財産の1／2を相続（配偶者軽減を適用）した時の相続税額と実質負担率は次の通りです。

・（財産額）4億円－（基礎控除）4800万円＝（課税価格）3億5200万円

（1）妻の相続分を計算する
3億5200万円×（妻の法定相続分）1／2×（税率）40％－（控除額）1700

贈与税の負担率表

（平成27年1月以降の直系尊属から20歳以上の者への贈与）

贈与金額（A）	贈与税（B）	負担率（B）÷（A）
110 万円	0 万円	0.0 %
200 万円	9 万円	4.5 %
300 万円	19 万円	6.3 %
400 万円	33.5 万円	8.4 %
500 万円	48.5 万円	9.7 %
600 万円	68 万円	11.3 %
700 万円	88 万円	12.5 %
800 万円	117 万円	14.6 %
900 万円	147 万円	16.3 %
1,000 万円	177 万円	17.7 %
1,200 万円	246 万円	20.5 %

←ここが有利

ポイント

相続税の実質負担率11.5%に最も近い贈与税の実質負担率を、上の負担率表から探すと600万円になります。ですからAさんの場合、この金額以下を1年間に贈与すれば有利となります。

万円＝5340万円

（2）子どもの相続分を計算する

{3億5200万円×（子どもの法定相続分）1／4×（税率）30％−（控除額）700万円}×2人＝3880万円

・相続税額（5340万円＋3880万円）×（配偶者軽減）1／2＝4610万円

・実質負担率4610万円÷4億円＝11・5％

相続と贈与の節税分岐点を計算する

相続税の実質負担率である11・5％に最も近い贈与税の実質負担率を、上の負担率表から探すと600万円になります。そこで、Aさんの場合、1年間に600万円以下の金額を贈与するのであれば有利といえるでしょう。

39

親からの借入金は贈与として疑われそうですが。

借用書を作成し返済条件を明確にしておこう

親子や兄弟などの親族間の金銭貸借は、とかく贈与であるかのように疑われがちです。税務署が「親からの借入は認めない」といっているわけではありませんが、実際には贈与税を払った人も多いようです。それは、親からの借入が「ある時払いの催促なし」という形であって、借入というよりももらったという形に近いために贈与税を課税されたのだと思います。

このようなことにならないよう、まず借用書を作成し（次ページを参照）、借り入れた事実と返済条件を明確にしておくべきでしょう。返済額も、収入に応じた金額を設定し無理がないように心がけてください。毎月の返済額が給料を上回るようなことは認められません。つまり、借入金の返済金額には銀行などからの借入金も考慮に入れ、借入金を返済しても生活ができるようにしなければいけません。

返済は現金を渡して領収書をもらう方法より、返済した事実を後日証明できる銀行振込が望ましいでしょう。こうしておけば、返済した証拠が明確で税務署への説明が簡単です。

借用書の記入例

印紙
㊞

借用書
(金銭消費貸借契約書)

山田親男を甲とし、山田長男を乙として、甲乙両当事者は、次のように金銭消費貸借契約を締結した。

第1条　甲は、乙に対し、次条以下の条件で金○○円を貸し渡し、乙はこれを借り入れた。

第2条　前条の借入金の利息を年○%とする。

第3条　乙は、本件借入金の元金は毎月○万円を○○回にわたり返済する。利息は年末に、いずれも甲に振込にて支払わなければならない。

第4条　乙が元金の支払いを6カ月分以上怠ったときは、甲の催告を要せず、乙は、当然期限の利益を失い、乙は、元利全部を一時に甲に支払わなければならない。

この契約を証するため本証書○通を作り、各自署名捺印して、その1通を所持するものとする。

令和△年△月△日

東京都豊島区○○1丁目3番9号
(甲)貸主　山田親男　㊞
東京都豊島区○○1丁目6番7号
(乙)借主　山田長男　㊞

40 相続時精算課税はどのような制度ですか。

相続時精算課税のしくみ

社会の高齢化の影響によって、子どもへの資産移転の時期が年々遅くなっています。自分の持ち家を持ちたい年代が30代頃であるのに対して、実際に親から財産を相続できるのは、40～50代とずれています。そのため、家の購入には役に立たず、経済の活性化につながらないことが懸念されるようになりました。

高齢者の保有する資産がより早い時期に次世代に移転するようになれば、その有効活用を通じて経済社会の活性化につながっていくと考えられます。

そこで設けられているのが、ここでご紹介する「相続時精算課税制度」です。相続と生前贈与を一体的に捉え、相続時に過去の生前贈与をなかったものとして相続分に取り込んで合算する課税制度です。もし先に支払った贈与税があったとしても、相続税を計算した金額から納税してある贈与税分を差し引いて計算するという考え方をしています。

この制度を一度利用すると、その後は110万円の暦年贈与の制度は使えなくなり、相続時精算課税を継続して利用することになります。

2500万円の非課税枠を活用しよう

この制度で一生に使える非課税枠は2500万円と大きな金額です。使い方を考えればかなり多額の財産の移転が可能です。

たとえば、2年前に2000万円の贈与をしたとします。この制度の非課税枠は2500万円なのですが、2500万円をまだ超えていないので、贈与税は課税されません。その1年後に2000万円を贈与すると、合計で4000万円となり、非課税枠2500万円を1500万円超えるので、1500万円に20%の贈与税300万円が課税されます。その後、相続が開始した場合には、贈与した4000万円は贈与がなかったものとして相続財産に加算されます。

相続財産7000万円（相続税480万円、子ども1人）の人が、子どもにこのように4000万円贈与した場合、相続時に残っている財産は3000万円になります。しかし相続税の計算は、贈与財産4000万円を加算した7000万円が相続財産になります。つまり、贈与してもしなくても、相続財産は同じです。また相続時には、相続税480万円から相続時精算課税の贈与税300万円を控除した180万円を納付することになっています。

この制度を利用した際の贈与税の計算式をまとめると、次のようになります。

・贈与税額（相続時精算課税制度）
＝（贈与金額－非課税枠2500万円）×20%

109ページに相続時精算課税制度のしくみをまとめたので、ご参照ください。

現金より賃貸物件を贈与すると効果的

実際に贈与する時は、現金より賃貸住宅など収入のある物件を贈与すると効果的です。

ポイントは次の2点です。

① 評価を下げてから贈与しよう

「評価を下げてから贈与する」と有利です。現金で贈与すると、現金の金額そのものが課税価額になりますが、賃貸住宅を建てたり、購入して賃貸したりした状態で贈与すれば、評価額は大幅に下がります。

たとえば現金5000万円で集合住宅を建て、完成して満室になってからの評価額は約1750万円です。このように、現金のまま贈与するより、収益物件にしたほうが大幅に有利になります。

なお、借入金付きの建物を贈与すると贈与税評価額ではなく、建築費5000万円の売買になってしまい不利になります。負担付贈与は避けましょう。

〈計算式〉

5000万円×固定資産税評価額（約50%）×借家権割合（1－30%）＝1750万円

② 収入を生み続ける財産を贈与しよう

「収益物件を贈与する」と有利です。相続時精算課税制度で生前に贈与する場合、贈与した財産は贈与時の価額で評価されるので、建物は相続税評価額となります。しかも、贈与した後の収益物件の収入には贈与税は課税されません。父親が持っていれば、父親の財産が増えて相続税が増加します。そのため子どもに収入を生み続ける財産を贈与するのは、節税対策として有効です。

相続時精算課税制度のしくみ

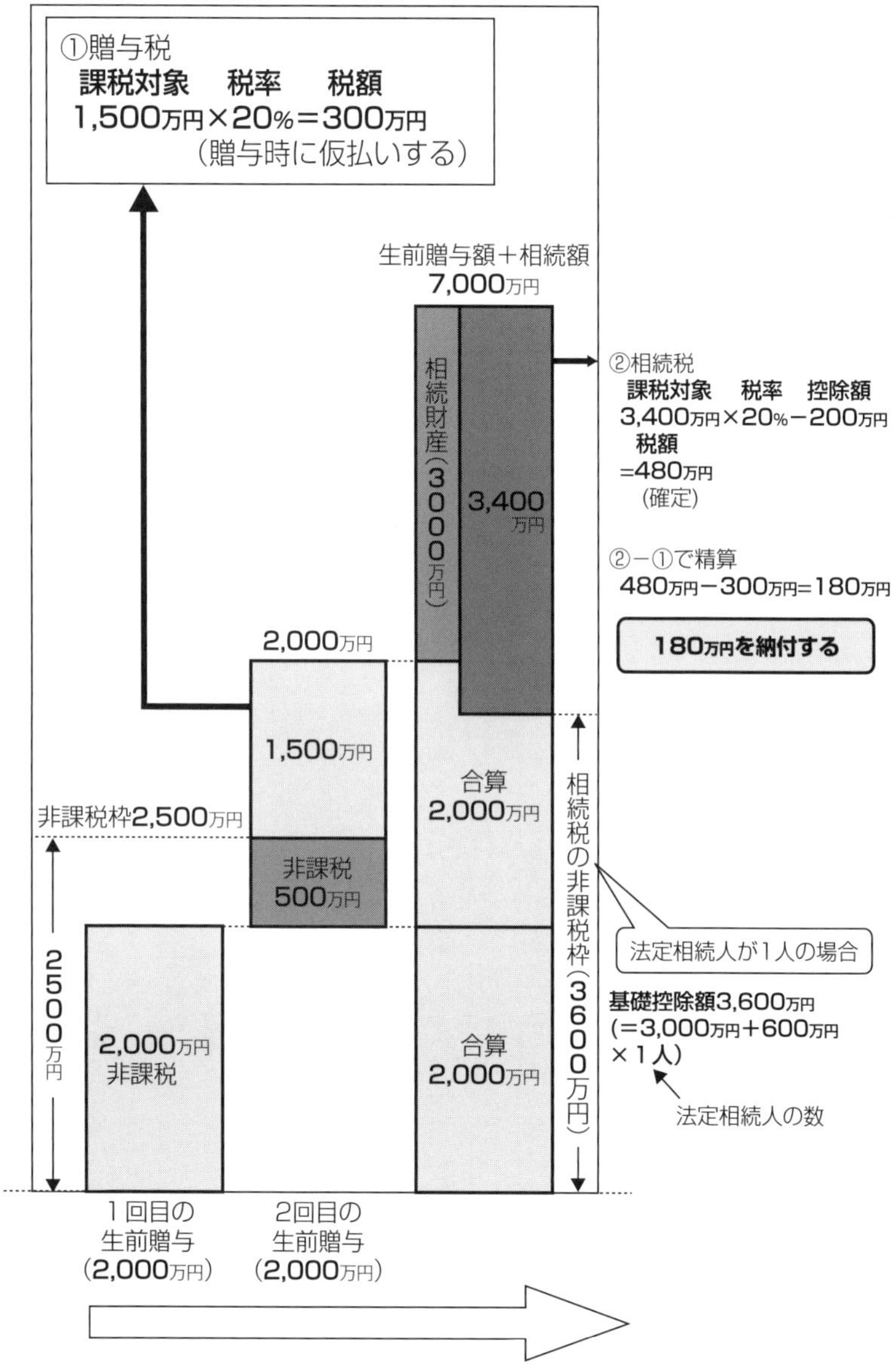

①贈与税
課税対象　税率　税額
1,500万円×20%＝300万円
（贈与時に仮払いする）
生前贈与額＋相続額
7,000万円
相続財産（3000万円）
3,400万円
②相続税
課税対象　税率　控除額
3,400万円×20%－200万円
税額
=480万円
（確定）
②－①で精算
480万円－300万円=180万円
180万円を納付する
2,000万円
1,500万円
非課税枠2,500万円
非課税
500万円
合算
2,000万円
相続税の非課税枠（3600万円）
法定相続人が1人の場合
基礎控除額3,600万円
（＝3,000万円＋600万円
×1人）
法定相続人の数
2500万円
2,000万円
非課税
合算
2,000万円
1回目の
生前贈与
（2,000万円）
2回目の
生前贈与
（2,000万円）

41 相続時精算課税を利用することのメリットを教えてください。

110万円の暦年贈与と比べてみよう

相続時精算課税制度は、贈与税と相続税を一体にして課税する制度ですが、2500万円と大きな非課税枠が設定されており、生前贈与がやりやすくなっています。

この制度は、生前贈与を相続と一体的に捉え、生前贈与をなかったものとして、相続時に取り込むものなので、相続税の節税策にはなりません。

この制度を利用する場合の注意点を確認しておきましょう。

①一般の暦年贈与110万円と相続時精算課税制度とのダブル適用はできない
②一度、相続時精算課税制度を採用したら、一般の110万円の暦年贈与には戻れない
③父・母・祖父・祖母それぞれから2500万円の贈与を受けることができる
④父から2500万円、父以外から一般の110万円の贈与を受けることも可能

110万円の暦年贈与と相続時精算課税を比較すると次ページの表の通りです。

暦年贈与と相続時精算課税制度の比較表

	暦年贈与 （110万円の贈与）	相続時精算課税
税金	（贈与金額－**110万円**）× 累進税率＝税額	（贈与金額－**2,500万円**）× 20％＝税額
贈与者の条件	誰でも贈与できる	60歳以上の父母・祖父母。なお、住宅取得資金の場合は年齢制限なし
受贈者の条件	誰でも受贈できる	20歳以上の子・孫 （養子でもよい）
相続税との関係	相続額から切り離し （相続開始前3年以内は加算）	相続時に合算される （贈与時の価額で評価）
納付	単年度課税 （贈与時に完了）	贈与時に納付し相続時に精算
相続税の節税効果	節税効果あり。贈与税の基礎控除年間**110万円**は、贈与税がかからない	節税効果なし。**2,500万円**の非課税枠はあるが、贈与者の相続時に、相続税の計算に合算されて相続税がかかる
大型贈与	多年にわたり、多人数であれば可能	一度に大型贈与がしやすい
その他	暦年贈与をしてから相続時精算課税贈与を選択すれば、両者のメリットを享受できる	生前に財産を子に渡せる。贈与者が計画的に対策を打て、紛争防止に役立つ

42

住宅取得資金の贈与の特例について教えてください。

親などからの住宅資金贈与に適用

父母・祖父母などの直系尊属から住宅取得資金の贈与を受けた場合、その取得の契約の時期により、次ページの金額まで贈与税を非課税にする制度です。

①　贈与者と受贈者

贈与者は父母、祖父母などの直系尊属であること。受贈者は贈与を受けた年の1月1日で20歳以上で所得が2000万円（給与収入が令和2年以降は2195万円）以下であること。

②　贈与と取得・居住の期限

贈与を受けた翌年3月15日までに取得し居住すること（遅くとも贈与の翌年12月31日までに入居が確実であること）。

③　適用される家屋

家屋の登記簿面積が240㎡以下50㎡以上であること（1／2以上が居住用）。中古の場合には、耐火構造は築25年以内、耐火構造以外は築20年以内であること。

④　土地について

特例適用対象となる家屋の敷地であれば、その土地も住宅資金贈与の対象となります。

住宅取得資金を贈与した場合の贈与税の非課税枠の推移

イ　住宅用の家屋の新築等に係る消費税等の税率が8%の場合

住宅用家屋の新築等に係る契約の締結日	省エネ等住宅	左記以外の住宅
平成28年1月1日〜令和2年3月31日	1,200万円	700万円
令和2年4月1日〜令和3年3月31日	1,000万円	500万円
令和3年4月1日〜令和3年12月31日	800万円	300万円

ロ　住宅用の家屋の新築等に係る消費税等の税率が10%の場合

住宅用家屋の新築等に係る契約の締結日	省エネ等住宅	左記以外の住宅
平成31年4月1日〜令和2年3月31日	3,000万円	2,500万円
令和2年4月1日〜令和3年3月31日	1,500万円	1,000万円
令和3年4月1日〜令和3年12月31日	1,200万円	700万円

（注）「省エネ等住宅」とは、省エネ等基準（①断熱等性能等級4若しくは一次エネルギー消費量等級4以上であること、②耐震等級〈構造躯体の倒壊等防止〉2以上若しくは免震建築物であること又は③高齢者等配慮対策等級〈専用部分〉3以上であること）に適合する住宅用の家屋であること

⑤　非課税枠

非課税枠は上記表の金額までですが、一般の贈与税の110万円控除との併用もできます。また、「相続時精算課税制度」の2500万円の控除との併用もできます。

⑥　死亡前3年以内贈与

この特例を受けた贈与については、それが被相続人の死亡前3年以内であっても、非課税とされた贈与金額は、相続財産に加算されません。

⑦　個人間の売買

個人が所有している中古住宅（建築後使用された住宅）を不動産業者の仲介で購入した場合には、売り主はサラリーマン等で消費税の納税義務者ではありませんので売買金額には消費税はかかりません。したがって、上記表のイが適用され、ロは適用されません。

43 孫に教育資金や結婚・育児資金の贈与をしたいのですが。

教育資金贈与であれば1500万円まで非課税

親や祖父母は子や孫へ、教育資金を一括贈与して贈与すれば1500万円まで非課税で贈与できます。贈与した資金は学校の授業料だけでなく、塾や習い事の月謝代にも使えます。

30歳未満の人が、信託銀行等で教育資金専用口座を開設することで利用できます。

対象者は、①父母、祖父母などの直系尊属から、②年齢30歳未満で年間の合計所得が1000万円以下の子や孫への、③教育資金を一括して贈与した場合、④1500万円（塾や習い事など学校以外に支払われる金額はこの金額のうち500万円）まで贈与税が非課税です。

贈与者が亡くなった場合に未利用の教育資金があっても相続財産への加算は原則ありません。しかし、平成31年の改正で平成31年4月1日以降に行う教育資金の贈与からは相続開始3年以内に行われた贈与のうち、相続開始時点での残高を原則として加算しなければなりません。ただし、贈与者の死亡時点で受贈者が次の、いずれかの条件に該当する場合には、相続財産への加算はありません。

㋑　受贈者が23歳未満

教育資金の贈与

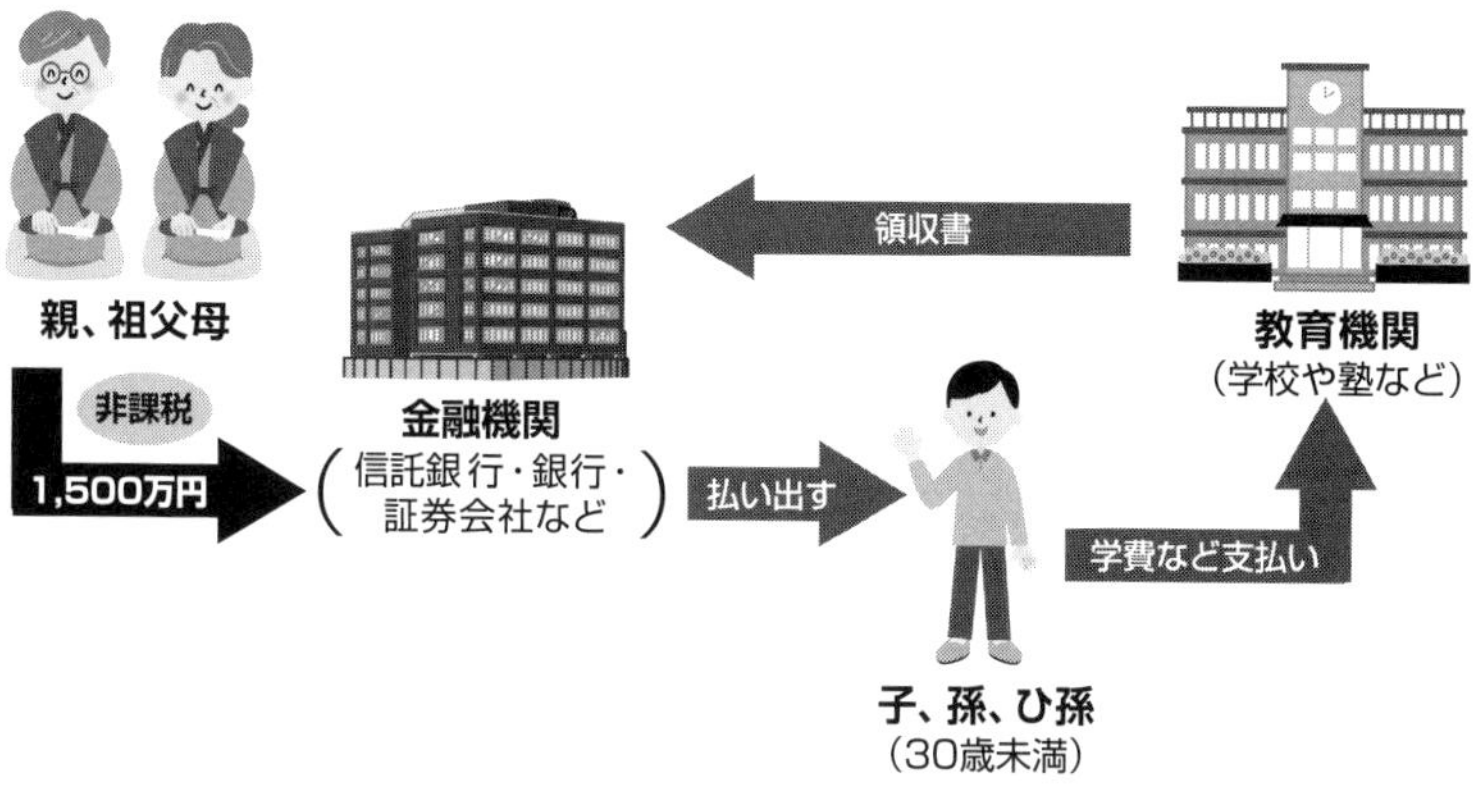

子、孫、ひ孫１人につき 1,500 万円（学校等以外に支払われる金額は 500 万円）まで贈与税が非課税とされる。

㋺　学校に在学している

㋩　教育訓練給付金の支給対象である教育訓練を受講している

結婚・出産・子育て資金は1000万円まで

子や孫へ結婚・子育て資金も１０００万円まで非課税で贈与ができます。

①父母、祖父母などから、②年齢20～50歳未満で年間の合計所得が１０００万円以下の子や孫への、③結婚・子育て資金を一括して贈与した場合、④１０００万円（結婚は３００万円）まで非課税です。

なお、贈与者が亡くなった場合に未利用の結婚・出産・子育て資金があると相続財産へ加算されます。

44

父親のアパートを子どもに贈与したいと思いますが。

将来の家賃収入自体を譲ることが可能

収入を生み続けるアパートを子どもに贈与するのはメリットの多い選択肢です。建物は贈与税評価額で評価されるので、建築価額の約30％程度という低めの評価ですみます。

しかも、贈与したアパートが生み出す今後の家賃収入を現在価値に引き直して贈与税を課税することは行われていません。父親が持ち続ければ、父親に高い所得税が課税され、手取収入分だけ相続財産が増えていくので、相続税も増加していきます。ですから、子どもに収入を生み続けるアパートを贈与する方法はメリットの大きい選択肢とされるのです。

借入金付アパートは売却する

借入金でアパートを建築して、その借入金付きでアパートを贈与したとすると、一見、節税策としては非常に有効なように思えます。

このような贈与は「負担付贈与」といわれ、建物の評価は贈与税評価額でなく、建物の建築価額での評価となります。建築価額となれば、借入予定していた節税が果たせなくなるので、借入金付きでの贈与は望ましくないとわかってもら

アパートを譲渡して節税を図る

①譲渡所得の算式

未償却残高＝建築費（取得価額）－減価償却累計額（減価償却費の合計額）

譲渡所得＝売却収入－未償却残高（取得費）

②（ケース）アパートを譲渡した場合

- 建物の建築費……**5,000万円**
- 完成時期……平成3年3月
- 減価償却累計額（※）……**3,000万円**

※平成3年3月から平成27年3月までの減価償却の合計額

未償却残高＝5,000万円－3,000万円＝2,000万円

売却収入＝（時価）＝2,000万円

譲渡所得＝2,000万円－2,000万円＝0円

売却収入　**未償却残高**　**税金は発生しません**

えると思います。

この場合には贈与税評価額で贈与することにこだわらず、建物を建築価額で売却する方法を考えてみるとよいのではないでしょうか。

建物を子どもに売却する場合、建物の評価の際は未償却残高を時価と考えてよいことになっているので、譲渡所得税はかかりません。実際に計算してみると、上の表のようになります。

ロードサイドの店舗のように建築費が安く、収入が多いような場合には、所得税対策として収入の分散を重視して子ども名義にしたほうが有利です。

借入金がない場合には、建築価額より安い贈与税評価額で贈与できますから非常に有利です。しかし、借入金があっても時価評価となっても、収入が多い物件は子どもに売却するとメリットがあります。

45 父名義の建物に子どもが資金を出して増築した場合の税金は？

子どもの持分も登記すれば贈与にならない

　建物を増築する場合、建築資金を誰が出したかに関係なく、その増築部分は増築前の家屋の所有者名義として登記されます。これを「不動産の附合」といいます。もし増築費用を子どもが出したのなら、それは父親への贈与として扱われてしまうので注意が必要です。

　たとえば、500万円の平屋が手狭になり、子どもが建築資金1000万円を出して2階建に増築しようとします。

　親への贈与税が課税されないためには、次ページの図のように増築前の家屋の時価（500万円）と増築資金（1000万円）の按分《あんぶん》によって親子共有になるように登記すれば、贈与税の問題はありません。登記上は、まず増築登記を父親名義で行い、その後、子どもの持分《もちぶん》2／3を贈与登記します。

　ここで譲渡所得税が課税されないか心配があります。たしかに父親は既存住宅の2／3を子どもに移転し（500万円×2／3＝333万円）、父親は自分が負担すべき増築資金（1000万円×1／3＝333万円）を子どもに負担させています。したがって理論上、父親

子どもの資金によって増築する

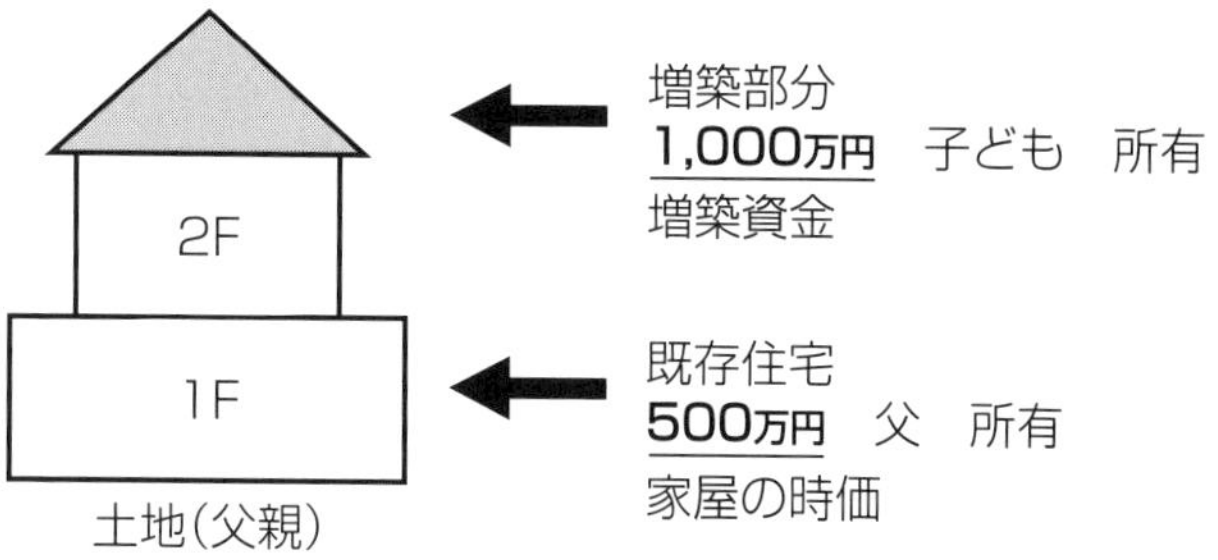

父親の持分 ……… $\dfrac{500万円}{500万円+1,000万円}=\dfrac{1}{3}$

子どもの持分 …… $\dfrac{1,000万円}{500万円+1,000万円}=\dfrac{2}{3}$

は、既存住宅の3分の2の持分を333万円で譲渡したことになるため、譲渡所得税が課税されます。

譲渡所得は、売却収入－取得費（未償却残高）で計算されます。ここでは建物の売却価額（時価）は未償却残高を利用するので、売却価額＝取得費となり、売却に伴う利益は発生しません。つまり実際上は、譲渡所得税は課税されないのです。

加えて、父親の土地を無償で利用しても子どもへの贈与税の課税はありません。親のものをただで利用することは子どもであればよくあることなので課税しないことになっています（使用貸借）。なお、税務署への届け出も不要です。

46

家を新築したら「お尋ねの回答書」を税務署に提出するよう書類が来ました。

建築用資金の出所を明らかにしたい

「お尋ねの回答書」を送付してきた税務署の目的は、建物の建築費と建築資金の出所を調べて、贈与税などの課税を行うことです。

回答書には、①建物の構造・用途、②家屋の所有者が共有かどうか、③敷地の面積・所有者、④家屋の建築工事費・購入代金、⑤建築付随費用（登記料、仲介料など）、⑥先の④⑤の支払代金の調達方法などの項目があります。

このような項目の記入時の注意点について確認していきましょう。

①と②については登記簿謄本を参考に、建物の構造、用途を記入し、家屋の所有者が共有の場合は共有者の持分も記入します。③の敷地についてては、売買や相続による取得方法、敷地面積、取得金額など売買契約書を参考にして記入するとよいでしょう。

④と⑤の家屋の建築工事費、関連費用については、建築請負契約書や支払代金の領収書などをもとに支払日、支払金額、支払先名、支払先の住所を記入します。

⑥支払代金の調達方法については、税務署の調査の目的となる項目なので、注意して記入す

べきです。現金、預金などの資金の出所を記入する場合には、所得に比べて自己資金が多額だと不自然なので、贈与を受けている場合は、正直に贈与の申告をしたほうがよいでしょう。

贈与が今年であれば、ここに記入した金額で、税務署は翌年に贈与税の申告がされているかどうかをチェックします。過去に贈与を受けた金額で贈与税の申告をしていなければ、これから贈与税の申告をして贈与税を支払い、無申告加算税を負担することになりますが、自主的に申告した場合には15～20％の加算税が5％に軽減されます。いずれにせよ、後で税務署とトラブルが発生するよりよいのではないでしょうか。

提出することを忘れても罰則はない

借入金をした場合の記載は、銀行からの借入であれば、そのまま書いて問題はありません。親などからの借入金については問題にされがちなので、「金銭消費貸借契約書」（105ページの記載例を参照）を作り、返済方法や返済期間、金利などを取り決めてください。また契約書を作っただけでは不完全で、大事なことは契約書に書いてある通りに実行することです。これがあいまいになっていると、税務署から贈与だと指摘を受ける危険があります。

回答が遅れていたり、うっかり忘れたような場合でも、この「お尋ねの回答書」の提出は任意のため、特に罰則はありません。しかし、後日、税務署から書類を持参して説明を求められることになるので、指定の日より遅れても提出するほうがよいでしょう。

47

借地に父が建てた家を、子ども名義で建て替えるつもりです。

不動産の使用貸借に関する確認書を提出する

借地権は土地のように登記されないで、建物の所有者が借地権者とされます。つまり、借地権は建物の名義と一体のものと考えられています。借地契約は父であっても建物の名義が子ども名義になると借地権は子どもに移転したものとなります。したがって、借地権の贈与があったことになってしまいます。そのため、父の借りている土地に子どもが家を建てると原則として贈与税が課税されます。

ただ収入のない父名義のままだと借入のしやすさという点で不利な面があり、資金の準備ができないことは容易に想像がつくはずです。

税務では借地法と違い、このような実際面を考慮して、地主さんの同意が得られれば、「借地権の使用貸借に関する確認書」を提出することにより贈与税は課税されないことになっています。たとえば、借地人を父（山田親男）、建物名義人を子（山田長男）としてこの確認書の記入例を示すと次ページのようになります。

借地権を親子で売買する選択肢を選ぶと、売買価格は時価でなければならず、時価で売買すると父に譲渡所得税が課税されてしまいます。

借地権の使用貸借に関する確認書の記入例

借地権の使用貸借に関する確認書

①(借地権者)　(借受人)
山田親男は、山田長男に対し平成○年○月○日にその借地している

土地 ｛に建物を建築させることになりました。｝ しかし、
　　 ｛の上に建築されている建物を贈与(譲渡)しました。｝

その土地の使用関係は使用貸借によるものであり、山田親男の借地権者としての従前の地位には、何ら変更はありません。

記

土地の住所　埼玉県所沢市○○

地　　　積　120m²

②上記①の事実に相違ありません。したがって、今後相続税等の課税に当たりましては、建物の所有者はこの土地について何らの権利を有さず、借地権者が借地権を有するものとして取り扱われることを確認します。

令和○年○月○日

借地権者（住所）埼玉県所沢市○○　（氏名）山田親男（親）　印

建物の所有者（住所）埼玉県所沢市○○　（氏名）山田長男（子）　印

③上記①の事実に相違ありません。

令和○年○月○日

土地の所有者(住所)埼玉県所沢市▲▲　氏名　鈴木太郎（地主）　印

※上記①の事実を確認した。

令和　年　月　日

（確認者）　　　　税務署　　　　　　部門　担当者

※印欄は税務署の担当者が記入するので記入しない。

重要

48 居住用不動産の夫婦間贈与には税法と民法に特例があるそうですが。

20年以上連れ添った妻は2000万円控除

贈与税のうち、110万円の基礎控除のほかに、居住用不動産を夫婦間で贈与する際、2000万円を控除するという配偶者控除の特例があります。この特例を受けるためには、婚姻期間が20年以上あることに加え、以下の4つの条件が必要です。

①居住用の土地や建物、あるいはこれらを取得するための資金の贈与であること

②取得（贈与）の翌年3月15日までには居住し、かつその後も引き続きそこに居住する見込みであること

③以前に、この配偶者の特別控除を受けていないこと（つまり、この特例は一生に一度しか受けることができないということ）

④仮に贈与税がなくても、贈与税の申告をすること

贈与を行った際、贈与後3年以内に相続が開始した場合には、一般的に贈与がなかったものとして扱われ、贈与分は相続財産として加算されてしまいます。しかし、この配偶者控除の特例の場合は、3年以内の加算という扱いは受け

ません。また、贈与した年に相続が開始しても相続財産に加算されないようになりました。
この特例を受けるためには贈与税を申告する際に次の書類を添付する必要があります。
①戸籍の謄本または抄本（贈与を受けた日以後10日以上経過してから入手したもの）
②戸籍の附票
③住民票（居住した日以後のもの）
④贈与を受けた不動産の登記簿謄本
⑤相続税評価額のわかる書類
（イ）家屋は固定資産税評価額
（ロ）土地は路線価などで評価した明細表

民法でも相続財産に加算しない優遇措置

民法の改正前は配偶者に贈与遺贈された不動産は特別受益とされ、相続財産への加算が必要でした。しかし、改正で、民法の相続財産に加算しなくてよいとの意思表示である「持ち戻しの免除の意思表示」があったものとして特別受益を受けたと、取り扱わなくてよいことになりました。この結果、居住用不動産は遺産分割の対象としなくてよくなったので配偶者の長年にわたる貢献に報いたことになり、老後の生活保障になります。遺贈や贈与の趣旨を尊重した遺産の分割が可能になりました。

税務の取り扱いとの違いは、①居住用不動産を購入するための取得資金の贈与は民法の対象外です。②生前贈与だけでなく、民法では遺贈の場合にも適用があります。③税法では、金額の上限（2000万円）がありますが、民法はありません。

第4章

指摘を受けない「税務調査編」

　相続税の申告・納税後に、税務調査が行われる場合があります。対応法に加え、どのような人が調査対象に選ばれやすいかをまとめました。大事なポイントは書面添付制度により、税務調査が省略できることです。

49

相続税の税務調査について基本的なことを教えてください。

相続税申告の申告漏れが85％以上

相続税は、法人税や所得税と同様に税務調査が行われ、そのうち問題がないのが15％以下で、85％以上は申告漏れが指摘されています。さらに、追加で支払った税額も一件当たり平均で568万円と法人税や所得税と比較すると圧倒的に多額です。

なぜなら相続税は、所得税などと比べ課税価格が多額なので、修正申告した際の税額も多額となるからです。

税務調査は、申告書提出後おおよそ6カ月〜2年後に行われます。

税務調査は申告漏れを発見するのが目的であるため、土地や建物のように見ればわかる資産ではなく、金融資産のような隠しやすく、見つかりにくい財産を中心に調査されます。

かつては、割引債や郵便貯金は隠しても見つからない（見つかりにくい）という噂もあったようですが、実際は隠しても発見されやすく、そのような甘言にはだまされないほうが賢明です。

では、調査で指摘される可能性の高い金融資産とは、どのようなものでしょうか。

①被相続人本人の預貯金からの引き出したお金

死亡直前から3～5年の間で引き出したおおよそ50万円以上の金額について、その使途を質問されます。これは、隠し口座に入金したのではないか、あるいは被相続人本人以外の名義預金にしたのではないか、また申告していない他の資産の購入に充てたのではないかといったことを確認するためです。このように、亡くなる直前に引き出したお金については、相続財産になることが多いので、資金の使途は明確にしておくことが大事です。

また、生前に土地などの不動産を売却しており、その売却代金が多額である場合は、20年前の売却でも、その売却代金の行方が調査されます。

保険については、被相続人本人の口座から引き落とされている保険料の契約内容が確認され、本人と家族名義の保険について細かいチェックがあります。

つまり、契約者が被相続人ではなく、妻や子どもたちであっても、保険料を負担していたのが被相続人であれば相続税の対象となります。

②本人名義以外の預金（いわゆる名義預金）

預金に関しても、被相続人本人名義は当然として、被相続人本人以外の配偶者や子どもおよび孫名義の預金まで調査対象になります。意外に思うかもしれませんが預金が配偶者や子どもなどの名義であっても、その名義人に収入がなければ、配偶者や子どもなどの預金としては認められません。配偶者や子どもなどの名義を借りて預金をしていても、それらは被相続人の相続財産となります。

50 調査対象に選ばれやすい人はどのような人でしょうか。

銀行や証券会社に照会のうえ選ばれている

税務署は調査に来る前に、銀行や証券会社に書面などで照会し、申告漏れがないかを調査します。基本的には、そのなかで疑問や不審な点がある申告が調査対象に選ばれます。また、あまり問題がない場合でも、遺産総額が高額な申告も選ばれがちです。

では具体的に、調査対象に選ばれやすい申告書とはどのようなものでしょうか。

(1) 所得状況に比して財産の少ない申告書

通常は所得が多い人は財産を残しているはずです。一般に、金融資産は簡単に分散することができるため、所得と比較して金融資産などの財産が少ない申告書は調査対象に選定されます。所得が2000万円以上でかつ財産が3億円以上の人は「財産債務調書」を税務署に提出することになっていますが、これは所得と財産の関係を調査するために提出を義務付けられているといってよいでしょう。

(2) 死亡直前の預金の引き出しを確認していない申告書

預金の引き出しについては、亡くなる前5年間ぐらいの50万円以上の金額については、何に使ったのか質問されます。

また、土地の売却については、死亡前の売却を20年程度前までさかのぼって、その売却代金が何に使われたかを確認します。

これらが、隠し預金や子どもの預金になっていないかを確認していない申告書は調査対象に選定されます。

(3) 家族名義の預金などがチェックされていない申告書

配偶者や子どもたちに関して、所得が少ないのに多額の預金があり、被相続人の名義預金か否かのチェックが行われていないケースがあります。それらに対する説明資料や通帳へのコメントが見受けられない申告書は調査対象に選定されます。

(4) 多額な借入金があるのにそれに見合う財産がない申告書

借入金があれば、それに見合う建物や土地などの財産があるはずです。それにもかかわらず、借入金に見合う財産がない場合や、借入金額と財産額が対応しない申告書は調査対象に選定されます。

(5) 財産評価の根拠資料がない場合や説明が不十分な申告書

土地の評価については、実測面積と公簿面積との比較、固定資産課税台帳、登記事項証明書などによる土地の網羅性を確認します。また、不動産について不動産鑑定士による鑑定評価方法などの特殊な評価方法を採用した場合の根拠資料などが欠かせません。

また家屋については、貸家の入居状況など、各種財産の評価にかかる根拠資料などの添付が少ない申告書は、やはり適正な評価が行われているか不明であるため、調査対象に選定されます。

51 税務調査を受けた場合、どのように対応したらよいですか。

調査当日は事前に準備した通りに対応する

調査当日の午前中は財産形成の背景を知るために「世間話」のような形で調査が始まります。世間話をしながら、調査官は主に以下の3つのポイントを聞き出そうとします。

①本人の職歴・病歴など
②相続人の職業、家族の仕事の状況など
③本人の趣味

このような質問をすることで、財産の形成過程、財産の管理方法、貴金属・骨董品・高級車などの奢侈《しゃし》財の有無などを知ろうとします。

調査官がよくいうセリフとその調査意図を一覧にしたので（次ページの表）、参照してください。税理士と事前の準備をしておくとよいでしょう。

また、調査で指摘された問題に関して「納得できない」「交渉したい」と思ったら、税理士から統括官に交渉してもらうのが効果的です。現場で調査をしている調査官には決裁権が与えられていないためです。

なお、調査中の調査官に不適切な態度があったら、税務署の総務課長に抗議するとよいでしょう。

税務調査官の意図

調査事項	確認事項	調査官の意図
被相続人の職歴	収入、金融資産などの財産	●本人の収入に比べて、残した財産が妥当か ●不動産は先代からの相続か
相続人の職歴 相続人の家族の職歴	収入、金融資産などの財産	●子ども・孫などの年齢や職業などから収入の状況を把握する ●配偶者、子どもの預金が多額にあるが、収入の裏付けのある預金かどうか
被相続人の趣味	お金の使い方	●本人の生活ぶり、派手か地味か ●ゴルフ会員権や書画骨董はないか ●社会的な地位…寄付などないか
亡くなった時の状況	病名、病院名 入院の期間、入院の時期 死亡時前後の現金の状況	●被相続人の意思能力の確認 ●死亡前のお金の管理者、使い方 ●預金を引き出した使い道 ●遺言書…隠し財産はないか
預金の管理	お金の管理者	●誰がお金を管理していたか ●生前贈与の有無 ●家族名義預金の本当の所有者の確認
通帳や印鑑の確認	書庫、金庫（現場確認）	●申告されていない財産の資料を見つけたい ●銀行の担当者に取引の詳しい状況を聞くことも
生活費	月の生活費は幾らか	●生活費、教育費の負担者は誰か…残ったお金はどうしたか ●隠し財産になっていないか
貸金庫	重要書類の保管場所	●申告されていない財産の資料を見つけたい ●貸金庫の使用料は通常、預金から引き落とされるので貸金庫があることを隠すのは難しい

52 被相続人名義でない財産まで調査されるのはなぜですか。

名義預金があると課税の対象になる

なぜ、被相続人の名義でない相続人の財産まで調査するのかといえば、相続人である妻や子ども名義の預金であっても、妻や子どもに収入がなければそのお金は被相続人からのものと考えられるため、妻や子どものものとは税務署は認めないためです。所得から考えて多額な預金が妻や子ども名義になっている場合も同様です。

いわゆる「名義預金」の問題は、相続人の名義による預金の帰属者が、その預金名義の通り相続人に帰属するか、名義人には帰属せず名義預金として被相続人に帰属するかが争点です。

「妻のへそくりであり、原資が夫だからといって夫の財産とされるのはおかしい」

「生活費として使われなかったお金があれば、それは夫から妻への贈与で、その後の預金の管理を妻がしていれば、毎年110万円の非課税の範囲内であれば妻の財産だ」

このような主張だけで妻の預金とすることは、難しいことが多いようです。

もし本当に妻に贈与された意思がなく、「内助の功で築き上げた預金で配偶者にも財産をもらう権利がある」と考えているのであれば、そのために相続財産の1／2までは配偶者に非課税の規定があると説明されてしまうでしょう。

相続人が贈与であると主張した場合は贈与の証拠が必要で、単に毎年110万円までは、非課税枠があると主張しても簡単には認められないでしょう。

たとえば、午前の調査で雑談ふうに調査官から、「生前に贈与を受けたことありますか」「居住用不動産以外の贈与はありますか」などの質問を受けた時に、相続人が「ありません」と答えていたら筋が通らなくなります。

家族名義になっている財産が家族の財産として認められるには

預金の名義人に、長期間にわたって相当の所得があり、名義人にその預金の預入を行うための資金力があると認められる時は、名義人の固有財産であると認定されることでしょう。

また、名義人が名義預金を被相続人から生前に贈与された場合については、贈与を受けた年分の贈与税の申告書控えか贈与税の納付にかかる領収書、被相続人、相続人の通帳などを提出し相続人の預金であると認定してもらいましょう。

また、配偶者の財産が両親等からの贈与や相続であれば、その旨を説明できる資料を準備しましょう。

なお、相続開始前3年以内の贈与は、その贈与財産が相続税の課税対象となるので、注意してください。

また、預金だけでなく生保保険の契約者は相続人であっても保険料の負担者が被相続人の場合にも被相続人の相続財産になります。もれないように注意しましょう。

重要

53 書面添付制度をつかえば税務調査を受けないのですか。

書面添付制度で税務調査を省略できる

十分な説明・解説をした申告を作成したつもりでも、税務署の調査官が疑問点や不審事項がある場合、書面添付制度を利用しないと質問を受けることができず、その結果、税務調査に移行してしまいます。逆にいえば書面添付制度を利用すれば、意見聴取により疑問点を解消させることにより、調査省略につながることになります。

また、調査に移行した場合でも、疑問点が明確になっているので、調査の簡素化が図られます。

税理士が申告書の適正を表明

相続税の申告書を作成するに至った過程を説明して、計算根拠や納税者からの相談に応じた事項を明らかにします。税理士が独立した公正な立場において高度の注意義務を果たしたこと、誠実義務と説明責任を尽くしたこと、その結果、申告書が適正であることを表明する書面を添付するという制度です。

具体的には、税務署は、税務調査の前に相続税の申告書を作成した税理士へ申告内容の疑問

税務署から送られてくる「調査省略通知書」

□□□-□□□□

様

第＿＿＿＿号
令和＿＿年＿＿月＿＿日

＿＿＿＿＿＿税 務 署 長
財務事務官　　　　　　印

意見聴取結果についてのお知らせ

税務行政につきましては、日ごろからご協力いただきありがとうございます。

さて、下記の納税者の申告書に添付された税理士法第３３条の２第１項又は第２項に規定する書面に記載された事項に関し、あなた（貴法人）に税理士法第３５条第１項の規定による意見聴取を行った結果、当該納税者に係る申告（令和＿＿年分＿＿＿＿税）について、特に問題とすべき事項は認められず、現在までのところ調査は行わないこととしましたので、お知らせします。

なお、後日、申告内容について新たな疑問等が生じた場合には、調査を行うこともありますので、その際には改めてご協力をお願いいたします。

記

納税者名　＿＿＿＿＿＿＿＿＿＿＿＿＿＿＿＿

納税地等　＿＿＿＿＿＿＿＿＿＿＿＿＿＿＿＿

担当者	

電話　　－　　－
内線（　　　　）

点を質問してその意見の聴取をします。申告書は税理士が作成していますので、質問に対する回答が得られて疑問点が解消されれば、調査省略につながります。また、税務調査が実施されなければ、納税者の負担が減少します。

さらに大きなメリットとしては、税理士への意見聴取で申告漏れが発覚した場合には、書面添付制度の特典として、自主的に修正申告したものとなり過少申告加算税が免除になることです。

実際に意見聴取で問題がなければ「調査省略通知」である「意見聴取結果についてのお知らせ」は税務署から税理士へ郵送されます。この書面は、相続税申告をした納税者からも高く評価されています。前ページの表をご参照ください。

第5章

税額が大きく変わる「財産評価編」

いうまでもなく相続財産の評価額によって、相続税が決まります。この相続財産、とりわけ不動産に関しては、税理士の評価のしかたで、税額が大きく変わってきます。財産の評価方法について、おさえておきたいポイントをまとめました。

54 土地や建物を評価する時の基準はどのようなものですか。

土地の評価は路線価方式と倍率方式の2つ

土地と建物について、その評価方法を見ていきましょう。

まず財産は、相続税を課税する際、原則として時価で評価することになっています。ただし時価といっても、評価者や地域によって評価が違ってくるので、実際には、税務署が決めた評価基準に従って評価しています。

そこでの土地の評価方法ですが、市街地とそれ以外の地域で評価方法が異なっており、市街地では「路線価方式」、それ以外の地域は「倍率方式」によって評価します。

路線価は道路に沿った土地の1㎡当たりの価格によって表示され、この路線価に土地の面積を乗じて評価する方法が路線価方式です（次ページの図を参照）。実際の土地は、角地であったり、裏側に道路があったり、不整形な土地であったりするので、これらの事情を考慮して、「角地加算」「二方向路線加算」「不整形地評価減」といった加算・減算を行います。なお、路線価は、税務署、国税局のホームページで調べることが可能です。

一方の倍率方式とは、土地の固定資産税評価

路線価方式の計算方法

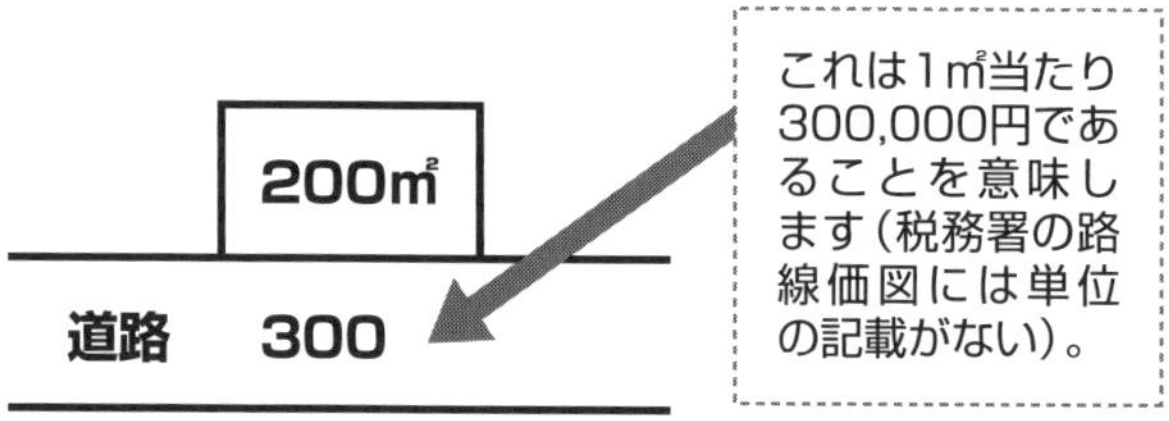
200㎡
道路　300
これは1㎡当たり300,000円であることを意味します（税務署の路線価図には単位の記載がない）。

300,000円（路線価）×200㎡（面積）＝6,000万円（評価額）

額に、地域ごとに定められた一定の倍率を乗じて評価する方法です。なお、固定資産税評価額は市役所、都税事務所などで、倍率は税務署、国税局のホームページで調べることができます。

このように相続税を算定する時の不動産評価額は決められた基準に基づいているのですが、実際の売買価額が路線価より安い場合はどうしたらよいでしょうか。このような時は、時価で評価することも認められています。その妥当性があることを証明するため、不動産鑑定士による鑑定評価など、採用した時価が妥当であるかを立証することが求められます。

建物は固定資産税評価額が基準に

最後に建物の評価方法ですが、固定資産税評価額がそのまま評価額となります。

評価額を見る時に注意したい点は、評価額は固定資産税や都市計画税を計算するための固定資産税課税標準額や都市計画税課税標準額ではないということです。

また、他人に賃貸している建物の場合にはこの固定資産税評価額から借家権割合30％を控除した金額になります。

55 利用状況によって土地の相続税評価額が変わると聞きました。

貸家が建っている土地では評価減に

土地の相続税評価額は、土地の状況だけではなく、その土地に建っている建物の利用状況によっても変わります。ここからは更地の時の評価額である自用地価額が1億円として、事例で考えてみましょう。

自宅が建っている場合、自用地価額により評価するので、評価額は1億円となります。

ただし、自宅の場合には、「小規模宅地等の特例」の適用（第6章を参照）という制度が利用できます。自宅について特例の適用を受けると、330㎡まで80%の評価減となります。

したがって、自宅の敷地が330㎡だと仮定すると、評価減となって評価額は1億円×（100%−80%）＝2000万円となります。

また、土地や建物を貸している場合についても見ておきましょう。

もし貸家が建っている場合は、〔自用地価額×（100%−借地権割合×借家権割合）〕という計算式で評価します。貸家には、賃貸アパート・マンション、貸店舗、貸事務所などのように賃貸借契約を結んでいる場合が含まれ、このような貸家が建っている敷地を貸家建付地《かしやたてつけち》と呼びます。

借地権割合は地域によって異なるのですが、60%の地域と考えると、借家権割合は30%なので、今回の場合は1億円×(100%−60%×30%)=8200万円の評価額になります。

貸地の場合も評価減になる

次に、土地を貸している場合はどうでしょうか。他人の建物が建っていて、借地権が設定され、地代を受け取っている貸地は〔自用地価額×(100%−借地権割合)〕で評価します。借地権割合が60%だと、1億円×(100%−60%)=4000万円の評価額となります。

この場合、評価額4000万円ですが、貸地は借地権者に購入していただくか、一緒に他人に売却するかなどしかなく、利用できないだけでなく、処分もしにくい財産ですから、相続税評価が時価より高いとの意見もあります。

なお、よくあるケースですが、親の土地に子どもが建物を建築して、地代を支払っていない場合については、子どもには借地権の権利がないものとされています。そのため自用地価額(更地)により評価することになり、この例では1億円の評価額になります。

このような土地を無償で利用している方法を使用貸借といいますが、昔は親子間の使用貸借が問題視されていて、贈与税が課税されていました。しかし、親の土地に子どもが無償で家を建てることが社会で一般的に行われ、税法が社会の実情にそぐわなくなり、親子間の使用貸借は認められていますが、評価は下がりません。

56

貸家建付地として扱ってもらえない場合があると聞きました。

家族への賃貸や駐車場などは線引きが難しい

貸家建付地となるかどうかというのは、相続財産の評価においては大事なポイントです。貸家建付地になるかどうか判断が分かれるケースについて考えてみましょう。

① 子どもが同居しているケース

親名義の貸家に子どもが居住している場合、息子が住んでいる部分は一般的には家賃の支払いや受け取りはありません。この場合、無償での部屋の利用でしかないので、他人にアパート・マンションを賃貸しているわけではなく、貸家建付地評価とはなりません。仮に契約書も作成して、常識的な賃料を銀行振込で支払っているのなら、貸家建付地評価となる可能性が出てくるでしょう。

② 駐車場は原則として更地評価

貸家が建っている部分と駐車場、空地が一団の宅地内にある場合、どの部分までを貸家建付地とするのかというのも判断が難しい事例です。

通常、駐車場として利用している土地は、原則的に自用地として更地評価します。また、駐車場の利用者に貸家の入居者以外の利用者がいるなどの場合も更地評価になってしまいます。

しかし、貸家と駐車場が一体で利用され、駐車場の利用者がすべて貸家の入居者であれば、利用の単位を同一と見て賃貸マンションと駐車場の全体を貸家建付地として評価します。

建ぺい率や利用者の状況で判断する

マンションが数棟あって、それぞれのマンションの敷地のどこまでが一体利用かどうか判断が分かれるのなら、建築基準法に基づく「建ぺい率」で計算する方法もあります。

建ぺい率とは敷地面積に対する建築面積の割合のことですが、建ぺい率40%の地域の400㎡の宅地内に100㎡の貸家を建てたとすれば、100㎡÷40%＝250㎡の敷地が必要となります。この程度の面積までであれば一般的に貸家建付地評価ができるでしょう。

また貸家の敷地内の駐車場についても、駐車場の場所と貸家がフェンスや塀などで明確に区分されている場合には、建ぺい率などより貸家部分が広くとも貸家建付地と考えることができるでしょう。

しかし、マンションと駐車場が道路を挟んで右と左にあるような場合には駐車場は更地評価になります。

57 相続税を還付してもらうことは可能ですか。

「相続税評価額は税務署が決めているので評価は誰でも一緒」と思っている人にとっては意外なことのように思われるかもしれませんが、相続税評価額は評価する税理士によって違いが出てきます。相続財産の大きな比重を占めているのが土地であれば、結果として納税額にも大きな差が出てくることになるのです。

評価減になるケース

現地調査をしないで土地を評価した申告書には、多くのミスがあります。不動産を評価するためには税理士自身が現地を確認しなければ正しい評価はできません。

土地の再評価で還付してもらえる可能性あり

相続税を納付した後でも、評価額が当初の申告よりも低いとわかれば、相続税の申告期限から5年以内なら土地を再評価して相続税減額・還付申請をすることが可能です。

税も医療の世界と同様、複雑かつ細分化されています。相続については高度な専門知識や豊富な経験が要求されることから、不動産に詳しくない税理士に依頼したのなら、評価が高すぎ、必要以上の相続税を納めている可能性があります。

確な評価はできません。

① 道路付け

間口が道路の中心線から2メール幅員《ふくいん》の接道義務を満たしていない場合には、セットバック部分の測量をしてこの地積《ちせき》部分が70%評価減となります。路線価が付されている場合には、建築基準法上の道路であるかどうかの確認をします。

見た目は道路でも建物が建築できる建築基準法上の道路でなければ、建物の建替えができませんので土地の評価は大幅に下がります。

② 土地の利用状況

建築物がある場合は、固定資産税の名寄帳の記載と比較して増築や登記漏れがないかをみます。

土地については、図面と現地の形状が一致しているか、地積測量図や公図やメジャーで計測し、現地との違いがないかをチェックします。大きく違う場合には、現地を所有することになった経緯や購入した時の業者などを聞きます。地積更正などを検討して適正な評価をするためです。

③ 付近の状況

現地周辺を見渡し、以下のような減価要因がないかを検討します。

・近くに高圧線などがないか
・周辺の道路、鉄道、工場などから騒音、振動、悪臭がないか
・近隣に墓地、火葬場などの忌施設がないか
・※庭内神《ていないしん》し

これらは、相続税の減価できる事項ですが、図面上ではわからなくとも現地に行けば一目瞭然です。

※庭内神《ていないしん》し……相続税法では墓所、霊廟《れいびょう》および祭具等と同様に平成24年から非課税とされた。屋敷内にある神の杜《もり》や祠《ほこら》等といったご神体を祀《まつ》り、日常礼拝の用に供しているものをいう。

58 相続税評価額は建物の場所により違うのですか(角地)。

建築プランによって路線価が違う

更地にマンションを建築することにより土地の有効活用を図る場合において、建築プランによって土地の相続税評価額に違いが出てくることがあります。事例で考えてみましょう。

まずマンション建築前の更地の相続税評価額を確認すると、次ページの図①の通りとなり、今回のケースでは9090万円です。

更地全体を利用して1棟のマンションを建てた場合、図②のように相続税評価額は7453・8万円に下がります。貸家の敷地であることから貸家建付地として更地の82%(1−借地権割合0・6×借家権割合0・3)の評価となるためです。

さらに更地を二分して2棟のマンション(甲・乙)を建てた場合、図③のように相続税評価額は4956・9万円となり、さらに評価が下がります。それぞれの敷地が貸家建付地となるため、更地よりも評価が下がるのはもちろん、乙棟敷地が路線価30万円の影響を受けずにすむため、図②の例よりさらに有利になるのです。建築プランによって評価額が変わることを理解してもらえたと思います。

角地の利用例

①マンション建築前の更地

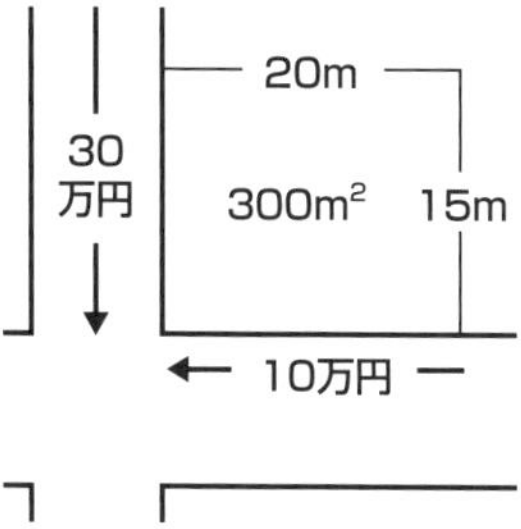

評価額

（30万円×1.00
正面路線価　奥行価格補正率
＋10万円　×0.03）＝30.3万円
側方路線価　側方影響加算率
×300m²＝9,090万円

※普通住宅地区で、借地権割合60%、借家権割合30%とする。

②敷地全体に1棟のマンションを建てた場合

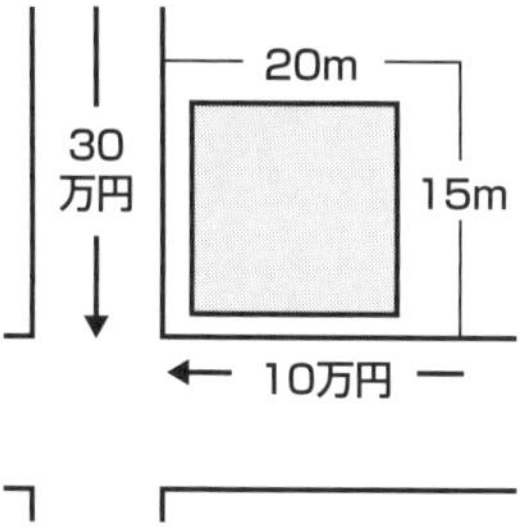

評価額

（30万円×1.00＋10万円×0.03）
×300m²×（1－0.6×0.3）
貸家建付地評価
＝7,453.8万円

③敷地を二分し2棟のマンションを建てた場合

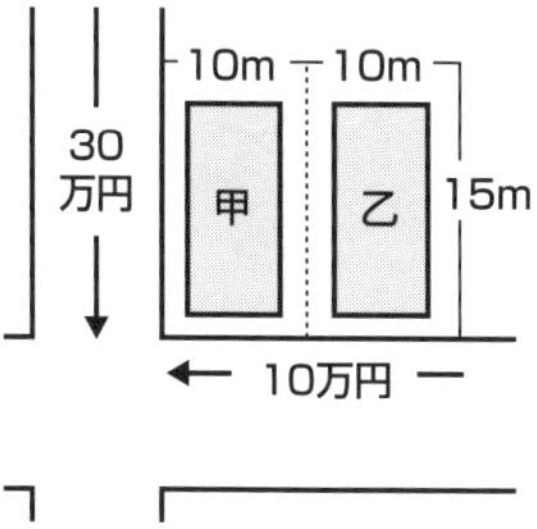

評価額

甲棟敷地
（30万円×1.00＋10万円×0.03）
×150m²×（1－0.6×0.3）
＝3,726.9万円

乙棟敷地
10万円×150m²×
（1－0.6×0.3）＝1,230万円

合計
3,726.9万円＋1,230万円
＝4,956.9万円

59

広い敷地には特別な評価方法があります。

「広大地」から「地積規模の大きな宅地」へ

地積規模の大きな宅地の評価は、「規模格差補正率」により、減額されることに変更されました。この「地積規模の大きな宅地」に該当するかどうかの判断は「広大地評価」の複雑性の反省から、判断基準の簡略化、明確化の観点から以下の通りとなっています。

①地積が500㎡以上（三大都市圏）それ以外は、1000㎡であること
②普通商業・併用住宅地区及び普通住宅地区に地域限定であること
③容積率が400％以上でないこと（東京都特別区においては300％以上）
④工業専用地域に所在しないこと
⑤市街地調整区域内では開発行為が可能な地域であること
⑥倍率方式により評価する地域の所在する宅地については、普通住宅地区に存在するものとして適用される。

規模格差補正率により相続税評価額は上昇

次ページのように「広大地補正率」より「規模格差補正率」が不利になりました。

三大都市圏
～広大地補正率と規模格差補正率の単純比較をした場合～

地積	広大地補正率	規模格差補正率	上昇	予想される相続税評価額の上昇額（路線価200千円/m²の場合）
500	0.575	0.80	0.225	2,250万円
1,000	0.550	0.78	0.230	4,600万円
2,000	0.500	0.75	0.250	10,000万円
3,000	0.450	0.74	0.290	17,400万円
4,000	0.400	0.72	0.320	25,600万円
5,000	0.350	0.71	0.360	36,000万円

※規模格差補正率適用前の土地の形状による補正は考慮していません。

三大都市圏以外
～広大地補正率と規模格差補正率の単純比較をした場合～

地積	広大地補正率	規模格差補正率	上昇	予想される相続税評価額の上昇額（路線価200千円/m²の場合）
1,000	0.550	0.80	0.250	5,000万円
2,000	0.500	0.76	0.260	10,400万円
3,000	0.450	0.74	0.290	17,400万円
4,000	0.400	0.73	0.330	26,400万円
5,000	0.350	0.72	0.370	37,000万円

※規模格差補正率適用前の土地の形状による補正は考慮していません。

60

農地などを相続した際には特別な制度があると聞きました。

継続して耕作する限り納税が猶予される

農業を営んでいた被相続人から、農地などを相続する場合、相続人が今後とも農業を継続する時は、相続税額が猶予され、相続人が一生涯（終身）農業を続ければ、猶予された相続税は免除されます。

以前は20年間農業を継続すれば認められる制度もありましたが、現在は、相続人は一生涯農業をすることが義務付けられていますので継続するのが厳しい制度です。

猶予額は、農地を通常の相続税評価額で計算した相続税額（たとえば5000万円）から農地の相続税評価額を**農業投資価格**（東京都では畑84万円、田90万円）とみなして計算した相続税額（たとえば500万円）を控除した金額部分の相続税額（4500万円）を猶予する制度です。

納税猶予制度の改正（令和4年から）

「**生産緑地法**」が令和4年で生産緑地の指定から30年を経過しますので終了します。そこで、買取申出の開始時期を10年延長する「**特定生産緑地法**」が創設されました。このため、令和4年までに特定生産緑地法の指定を受けないと納税猶予が採用できなくなります（すでに相続税の納税猶予を受けている人は猶予を継続できます）。

また、**都市農地の貸付**の特例制度が創設されました。従来は相続人は農地の貸付は認められず、自らが継続して耕作をしなければなりませんでしたが、貸付が可能となり、**市民農園向けの貸付と農業者向けの貸付**を行った場合には納税猶予が適用できるようになりました。

納税猶予の要件

まず、次の要件が必要になります。

①納税猶予の対象となる農地は、「市街化区域内の生産緑地」「市街化調整区域内の農地」であること。

②相続税の申告期限までに遺産分割協議書が作成されていること。

③被相続人が死亡の日まで農業を営んでいたこと。

④相続人は相続税の申告期限までに農業経営を開始していること。

⑤農業委員会に申請して農業相続人と認められないといけません。

このため、申告期限までに次の書類を税務署に提出する必要があります。

(1)相続税の納税猶予に関する適格者証明書

(2)特例適用農地などの明細書

(3)納税猶予の特例適用の農地など該当証明書

(4)担保提供書

(5)抵当権設定登記申請書

(1)と(2)は農業委員会に、(3)は市役所に申請します。納税猶予する土地を決めたら、十分に農業委員会と打ち合わせをしておく必要があります。

61 農地の納税猶予は受けたほうがよいですか。

納税猶予の適用は慎重に考える

前の項目で農地を相続する際の納税猶予制度を紹介しましたが、実際に、どのくらいのメリットがあるのでしょうか。この制度を利用した場合と利用しない場合の相続税額の対比をしてみましょう。

納税地は東京都で、相続人は妻と子2人（うち長男が農業相続人）、生産緑地として1万㎡2億円の農地、宅地3000万円、預金等5000万円を相続した場合です。

このケースの場合、通常の評価額が2億8000万円で相続税総額が5020万円、納税猶予を受ければ農地は840万円となります。宅地や預金等をプラスしても8840万円で相続税総額が456万円となり、4564万円が猶予されます。

納税猶予の選択をした農地で農業を一生涯行う覚悟があれば、相続税が軽減されるので適用したほうが有利です。しかし、農業を一生涯行うことは大変なことですから、相続税の納税が安くなるメリットだけではないデメリットも考えて後継者の希望などもよく聞いて判断すべきです。

農地の納税猶予とは

⑴　**相続財産**

①　畑10,000m²（1町、1ヘクタール）…2億円
農業投資価格1,000㎡（1反、10アール）あたり84万円
納税猶予を受けた場合　　84万円×10＝840万円

②　宅地……………………3,000万円

③　預金等…………………5,000万円

⑵　**法定相続人**

3人（妻、長男、長女）

⑶　**遺産分割内容**

妻…………………宅地　　3,000万円
長男………………畑　　　2億円
長女………………預金等　5,000万円

税金計算 ＼ 適用のあり・なし	納税猶予の適用なし	納税猶予の適用あり
①　遺産総額	**28,000万円** (20,000+3,000+5,000)	**8,840万円** (840+3,000+5,000)
②　基礎控除	4,800万円 (3,000+600×3人)	4,800万円 (3,000+600×3人)
③　課税対象額	**23,200万円** ①　－　②	**4,040万円** ①　－　②
④　相続税の総額	**5,020万円** ㋐+㋑×2 ㋐妻2,940万円 23,200×1/2（法定相続割合） ×40%－1,700（税率） ㋑子1,040万円×2人 23,200×1/4（法定相続割合） ×30%－700（税率）	**456万円** ㋐+㋑×2 ㋐妻253万円 4,040×1/2（法定相続割合） ×15%－50（税率） ㋑子101.5万円×2人 4,040×1/4（法定相続割合） ×15%－50（税率）
⑤　猶予税額	5,020万円－456万円＝**4,564万円**	

（東京都産業労働局農林水産部の資料から抜粋）

重要

62

配偶者居住権とはどういうものでしょうか。

現行の問題点は老後の生活資金不足

配偶者が居住用不動産を取得すると、老後の生活資金が足りない場合があります。

たとえば居住用不動産が2000万円、預貯金が3000万円の合計5000万円の場合、配偶者の法定相続分は2分の1の2500万円ですから、居住用不動産2000万円を相続すると預貯金は500万円しか相続できません。これでは、老後の生活資金が心配です。（図1参照）

見直しのポイント

配偶者居住権は、配偶者が相続開始前に居住していた被相続人の所有の建物を終身または一定期間、配偶者に建物の使用を認める制度です。

制度導入のメリット

配偶者は、配偶者居住権で自宅での居住を継続しながら、老後の生活資金ができます。

配偶者居住権は、所有権のおおよそ半額になりますので、所有権の2000万円から1000万円になります。これであれば、配偶者は預貯金は1500万円を相続できます。（図2参照）

配偶者居住権がない場合（図1）

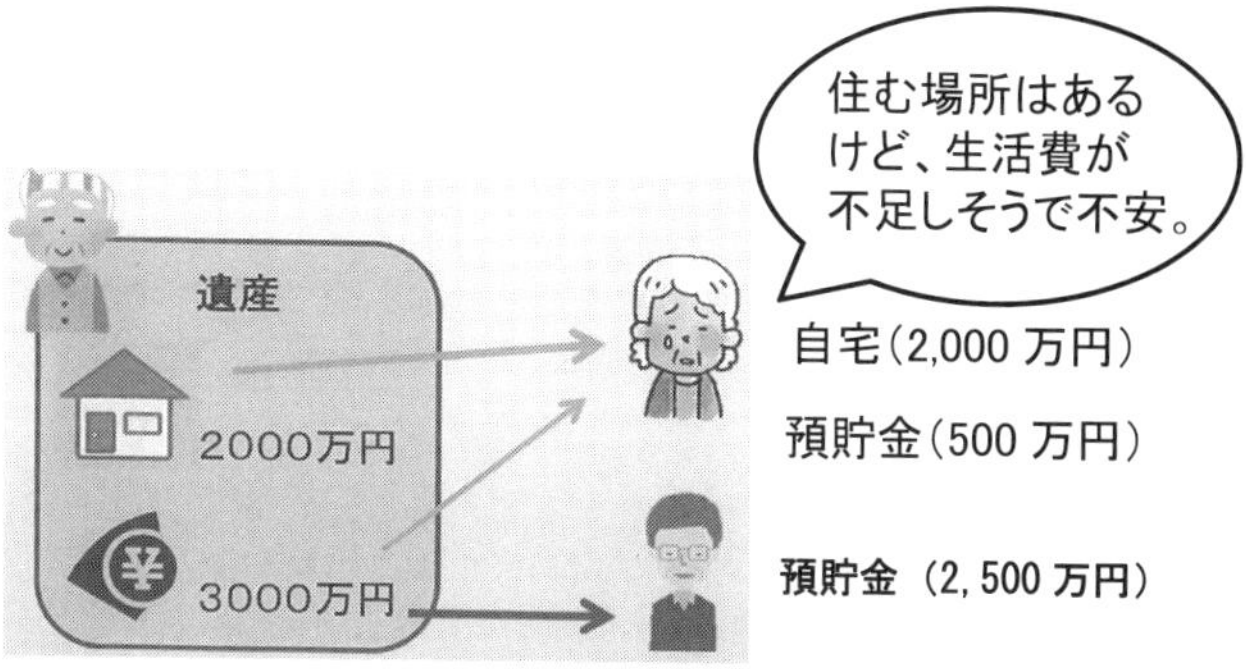

配偶者居住権が新設された（図2）

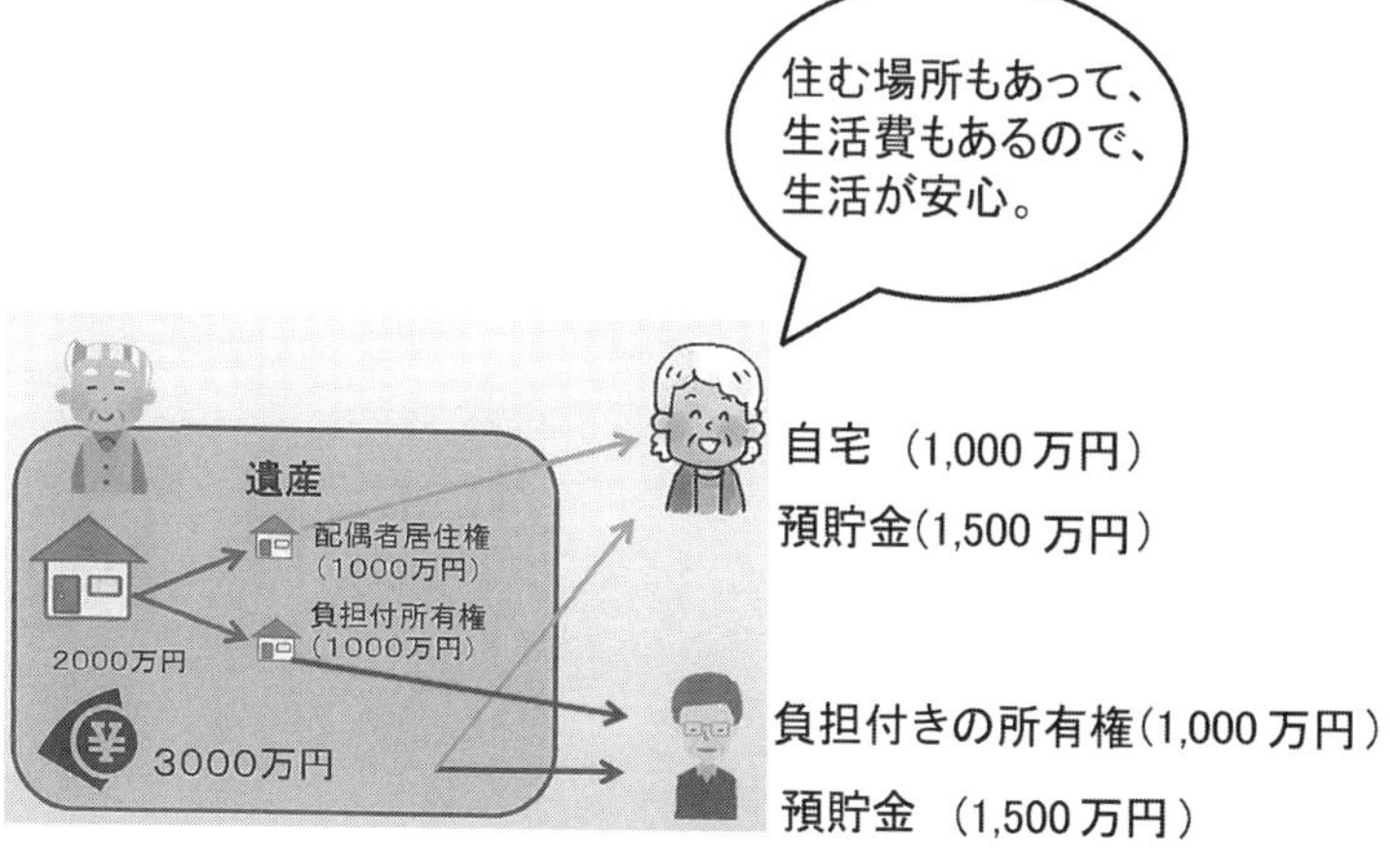

重要

63

配偶者居住権が利用されるのはどんな場合ですか。

典型的なケースで考える

配偶者居住権の利用が必要な事態は、相続人が配偶者と実子で相続人間での対立がない家庭においては、利用されないと考えられます。しかし、高齢化社会の到来でいろいろな家庭が考えられるようになりました。

利用例としては、図のように被相続人Aが亡くなり、相続人が配偶者Cと先妻の子Bの場合、被相続人Aが遺言で配偶者Cが居住している自宅の居住権を配偶者Cに遺贈するとすれば、配偶者Cは亡くなるまで自宅に住み続けられます。

一方で子どもは、配偶者が亡くなれば、配偶者居住権が消滅しますから、何らの制限のない完全な所有権を取得することになります。

遺贈での記載の注意点

遺産分割協議や被相続人が遺言等で「配偶者に配偶者居住権を取得できるようにする」ことが必要です。

なお、配偶者居住権を遺言書で設定させる場合には「遺贈する」と記載します。「相続させる」と記載すると無効になります。

配偶者居住権の利用例

●相続関係図

先妻 ＝ 被相続人（A） ＝ 配偶者（C）

子（B）

●被相続人と配偶者が共有の場合

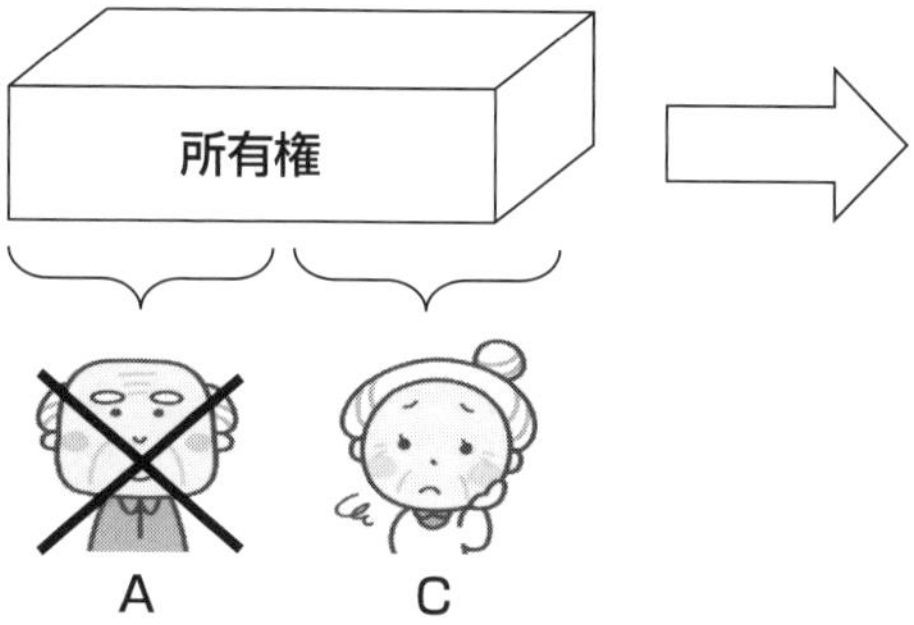

配偶者居住権の設定が可能

●被相続人と配偶者以外が共有の場合

配偶者居住権の設定は不可

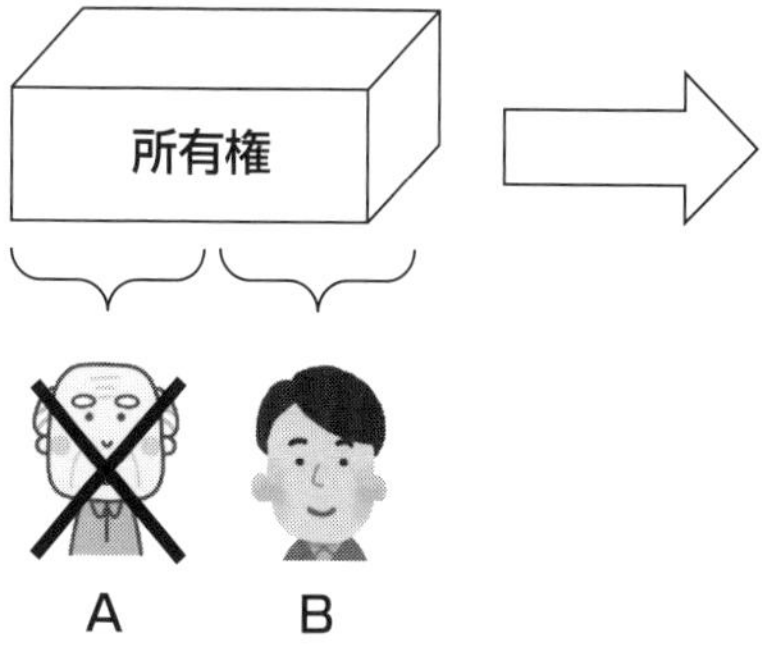

配偶者居住権の設定が不可

∵共有持分を有する
Bにとって重大な不利益

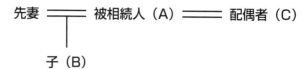

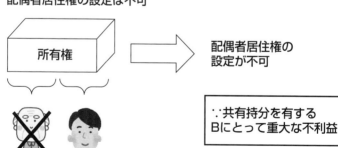

重要

64

配偶者居住権は節税になりますか。

配偶者居住権は消滅する

節税のために配偶者居住権を設定することも考えられます。

1　配偶者の死亡により配偶者居住権が消滅⇒相続税の課税はない

配偶者居住権は、配偶者が死亡した場合には、居住権が消滅します。その結果、子どもの建物・敷地の所有権は完全な所有権となります。

これは配偶者からの財産の取得ではありませんから、課税関係は発生しないと考えられます。

つまり、配偶者居住権は、一身専属的な権利であり、財産としての価値はないとされています。

2　配偶者生存中に配偶者居住権が合意解除⇒贈与税が課税される

配偶者が生存中でも、合意・放棄により配偶者居住権が消滅する場合があります。

配偶者居住権が消滅すると、その結果、その目的とされた土地建物は完全な所有権に復元しますが、その時はまだ契約が残っていますし、亡くなってもいないので、財産価値はあります。

したがって、配偶者から子どもなどの土地建物の所有者に財産的価値が生前に移転しますか

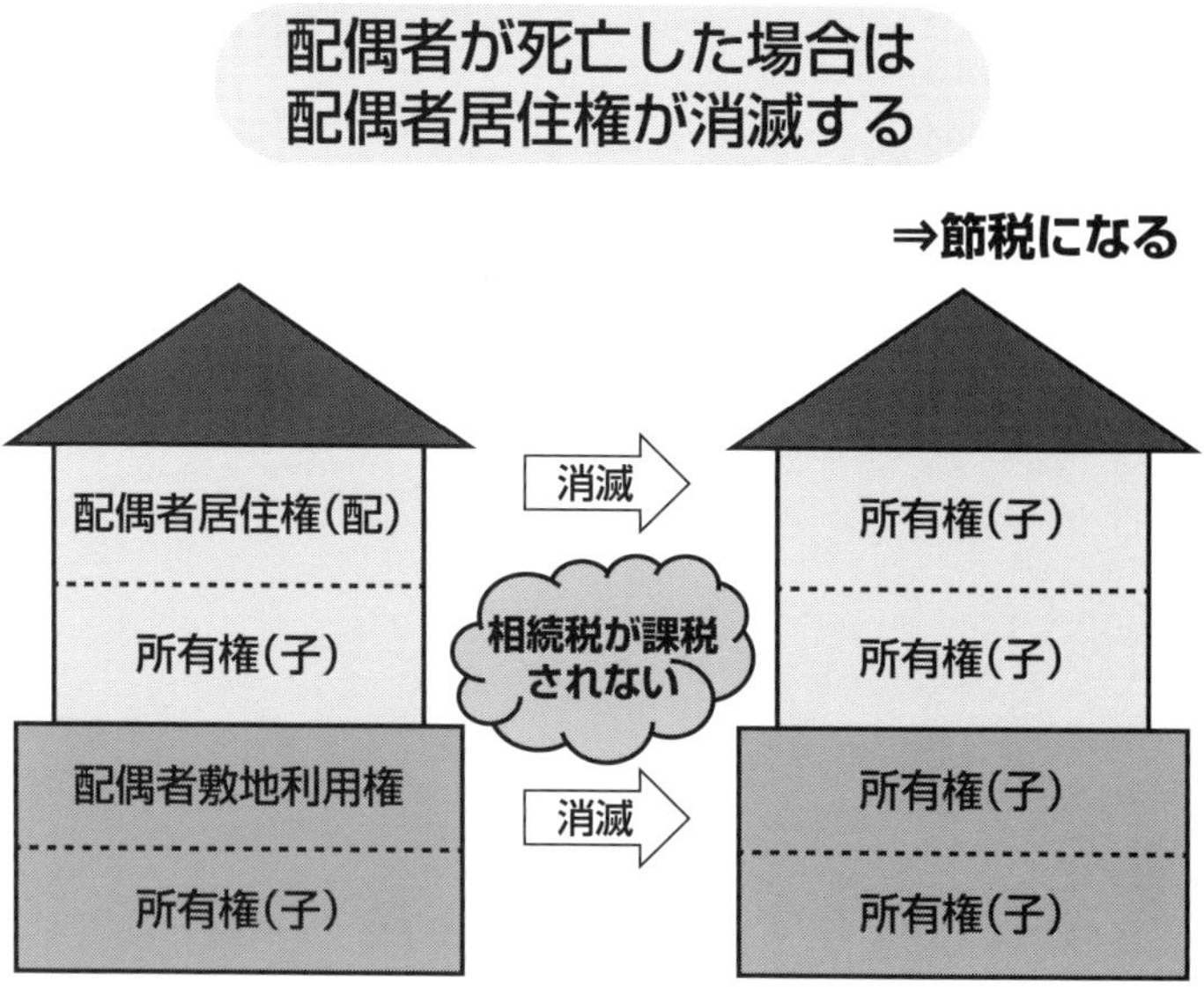

ら、子どもに贈与税が課税されます。

3　配偶者居住権と所有権の関係は複層的 ⇒配偶者居住権は利用する権利

子どもは不動産の所有権は持っていますが、配偶者には居住権がありますので、無償で建物と土地を使用させる義務を負います。その期間は配偶者が生きている限りの終身とされています。また、固定資産税は居住している配偶者が負担することになっています。しかし、固定資産税の課税通知は所有者である子にいきますので、精算が必要です。

配偶者居住権は登記しないと第三者には対抗できませんので居住建物所有者である子は配偶者と共同で申請する義務があります。

設定登記は建物にのみ行い、土地には行いません。

第6章
利用しやすい「小規模宅地の特例編」

規模が小さい居住用宅地や事業用宅地は、ある一定の条件を満たせば、評価額が80%減となります。それぞれ「特定居住用宅地等の特例」「特定事業用宅地の特例」と呼ばれますが、比較的利用しやすい制度になっています。

65 小規模宅地等の特例について聞きたいのですが。

居住用や事業用の宅地は大きな評価減

「小規模宅地等の特例」のポイントは以下の３つです。

(1)自宅の敷地で、父親と同居していた子どもや配偶者が相続した場合に３３０㎡（約１００坪）まで評価が80％減額となります。

(2)店舗などの事業用地については４００㎡（約１２０坪）まで80％の軽減になります。

さらに、(3)アパート、マンションなどの不動産貸付用の敷地は２００㎡（約60坪）まで50％の評価減が受けられます。

居住用宅地と事業用宅地の完全併用

居住用宅地と事業用宅地を所有している場合、居住用３３０㎡と事業用４００㎡を併用できますので、７３０㎡まで80％減額ができます。

たとえば、コンビニの店舗を経営している場合や工場・事務所だけでなく、農家では農機具置場・作業場なども同様に対象になります。

なお、貸付用宅地２００㎡は、居住用宅地と事業用宅地との選択適用でどちらが有利かの按《あん》分《ぶん》計算が必要になります（詳しくは「71」１７８ページを参照してください）。

小規模宅地等の特例のポイント

①居住用は330㎡、事業用は400㎡、不動産貸付は200㎡が減額

特定居住用宅地等

自宅の敷地 330㎡まで 相続税評価額

80% 減額

相続税評価額

特定事業用宅地等

店舗の敷地 400㎡まで 相続税評価額

80% 減額

相続税評価額

貸付事業用宅地等

貸家の敷地 200㎡まで 相続税評価額

50% 減額

相続税評価額

②居住用・事業用の特例面積がダブル適用に

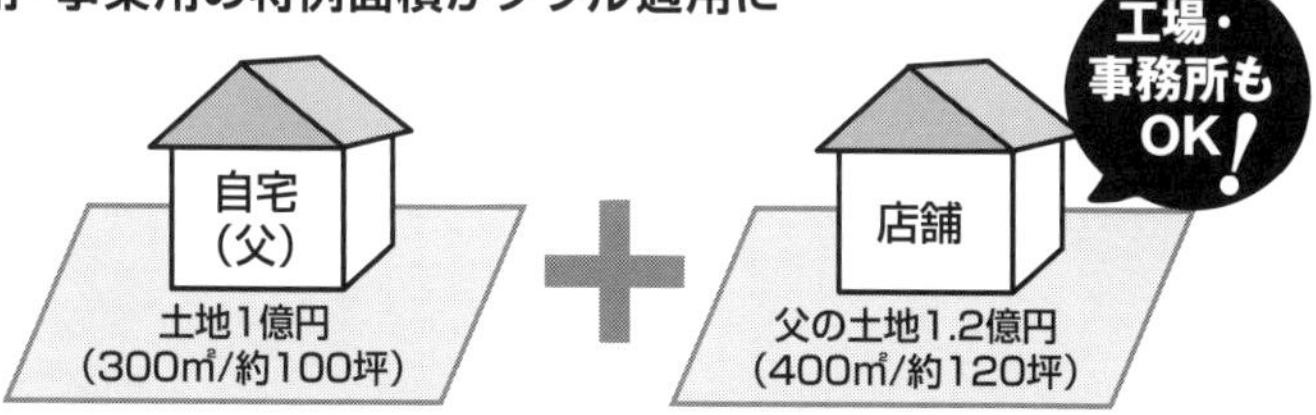

相続税評価額

1億円（自宅）＋1.2億円（店舗） ⇒ **4,400万円**

減額80%

①1億円 ×（1−0.8）＝2,000万円
減額割合

②1.2億円×（1−0.8）＝2,400万円
減額割合

①＋②＝4,400万円

特例のダブル適用により自宅（330 ㎡）＋店舗（400 ㎡）とも 80%減額。ダブル適用 730 ㎡により 4,400 万円に大幅な評価減になった。

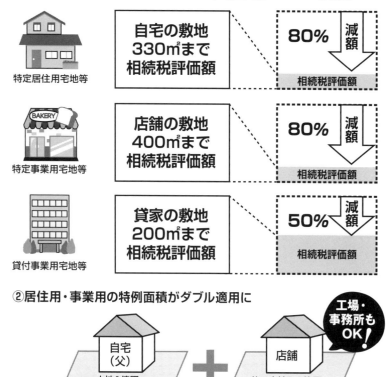

66 居住用の小規模宅地等の特例のポイントを教えてください。

居住用宅地等には大きな評価減がある

「居住用小規模宅地等の特例」は、被相続人が居住していた宅地・借地権を配偶者や同居していた子どもが相続した場合に、330㎡まで評価額が80%減額になる制度です。

①配偶者（以下「母」という）が取得した場合は、特に条件がなく、住まなくなったり、売却しても適用できます（次ページの図①）。

②同居していた子ども（親族）が取得した場合は、相続開始時から相続税の申告期限まで引き続きその建物に居住し、かつ、その宅地等を相続税の申告期限まで保有していることが条件です。そのため、少なくともこの期限までに売却すると不利になります（次ページ図②）。

同居していない相続人の規定が厳格化

被相続人の居住用宅地はあるけれども、配偶者はすでに亡くなっていて同居の親族もいない場合があります。たとえば亡くなった被相続人が独り暮らしで、子どもが地方に転勤しているような場合です。

このようなケースでは、別居している子ども

被相続人が居住していた宅地、借地権の取り扱い

①配偶者（以下「母」という）が相続した場合

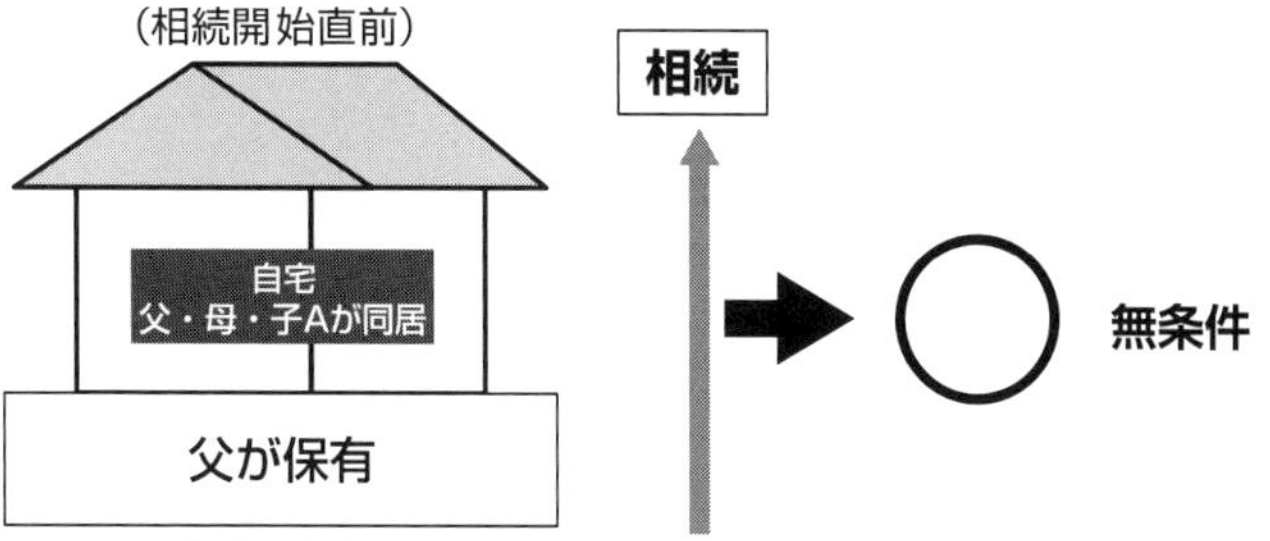

母の場合は申告期限前に住まなくなって売却しても、特例の適用があります。

②同居していた子どもAが相続した場合

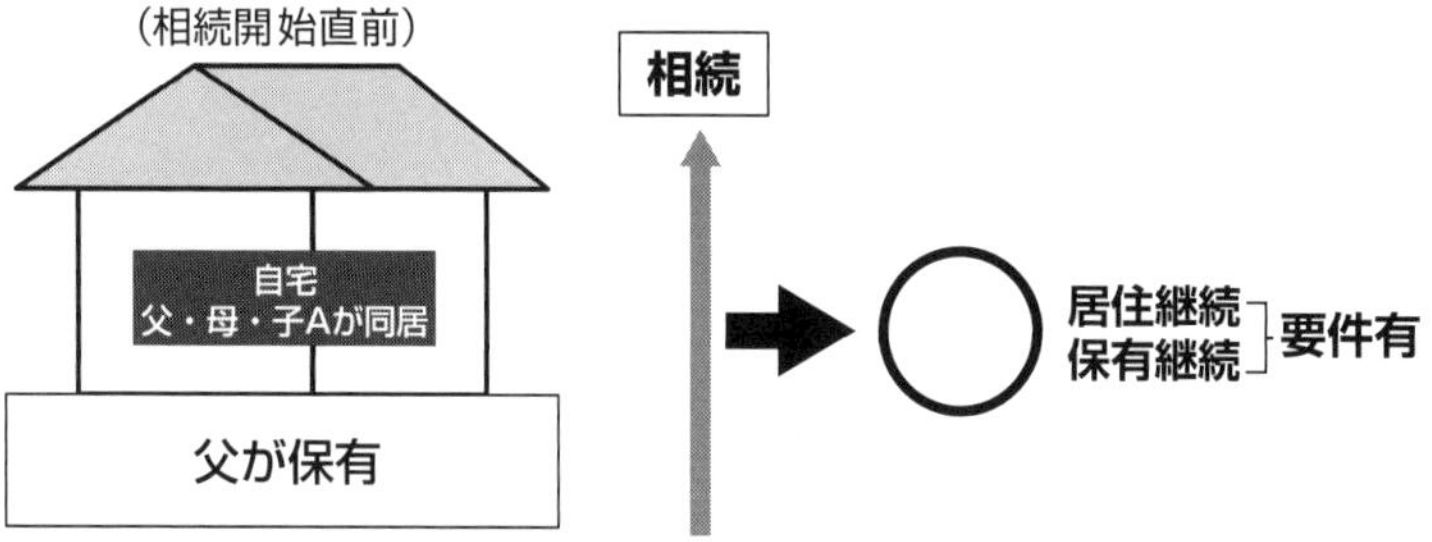

子どもの場合は、相続税の申告期限まで住み続け、かつ保有を続けることが条件です。
（注）子ども以外の者であっても、被相続人の親族であれば対象者となります（以下同じ）。

③別居していた子どもBが相続…「家なき子」に該当した場合

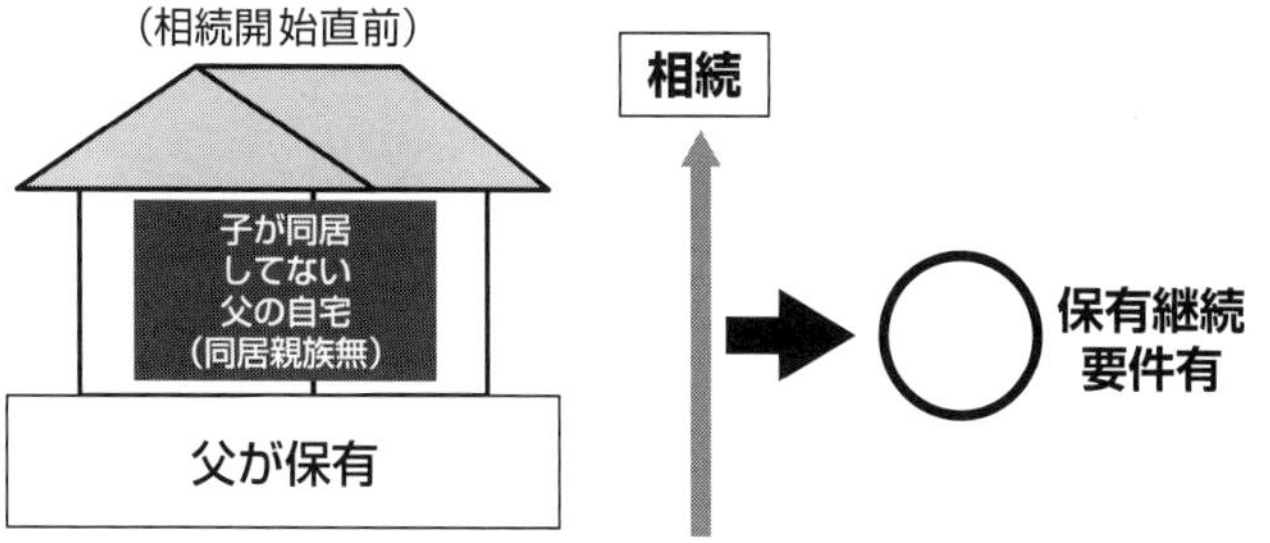

別居の子Bが相続した場合で、母はすでに亡く、同居している子どもがいない場合では、「家なき子」として家屋と敷地を申告期限まで所有していれば、居住しなくとも特例が受けられます。

が自分の自宅を持っている場合や子どもの配偶者名義の自宅を持っている場合では、特例が認められないことになっています。しかし、持ち家が他になく、アパートや賃貸マンションに住んでいれば80%評価減が受けられます（前ページ図③）。

なお、平成30年に持ち家がないことについて、次のように厳密に改正されました。

●相続開始前3年以内に日本国内にある自己、自己の配偶者の所有、自己の3親等内の親族又は自己と特別の関係がある法人の所有に係る家屋（相続開始の直前において被相続人の居住の用に供されていた家屋を除く）に居住したことがないこと

●相続開始時において居住している家屋を相続開始前のいずれかの時においても所有したことがないこと

生計を一にする親族が相続をした場合は

被相続人と生計を一にする親族の居住用の場合で、被相続人の配偶者が宅地等を相続した場合には、その宅地等は先ほどと同様に、無条件で330㎡まで80%の評価減が認められます。

また、被相続人と生計を一にする親族が取得した場合には、居住継続要件と保有継続要件を満たしていれば、80%の評価減が適用されます（次ページ④⑤）。

親がそれなりの収入がある場合には、子どもが親と「生計を一にする」と判断することが難しい事例ですので、適用にあたっては専門家である税理士や税務署に確認することが必要です。

生計を一にする親族の居住の用に供されていた宅地

④配偶者が相続した場合

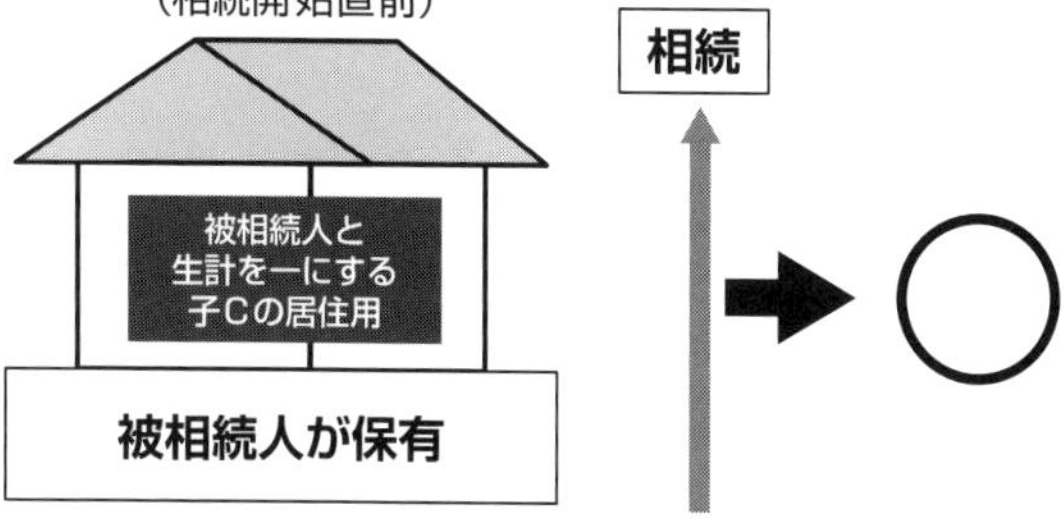

配偶者の場合には、申告期限まで住まなくてよく、売却しても無条件で適用があります

⑤被相続人と生計を一にする子どもCが相続した場合

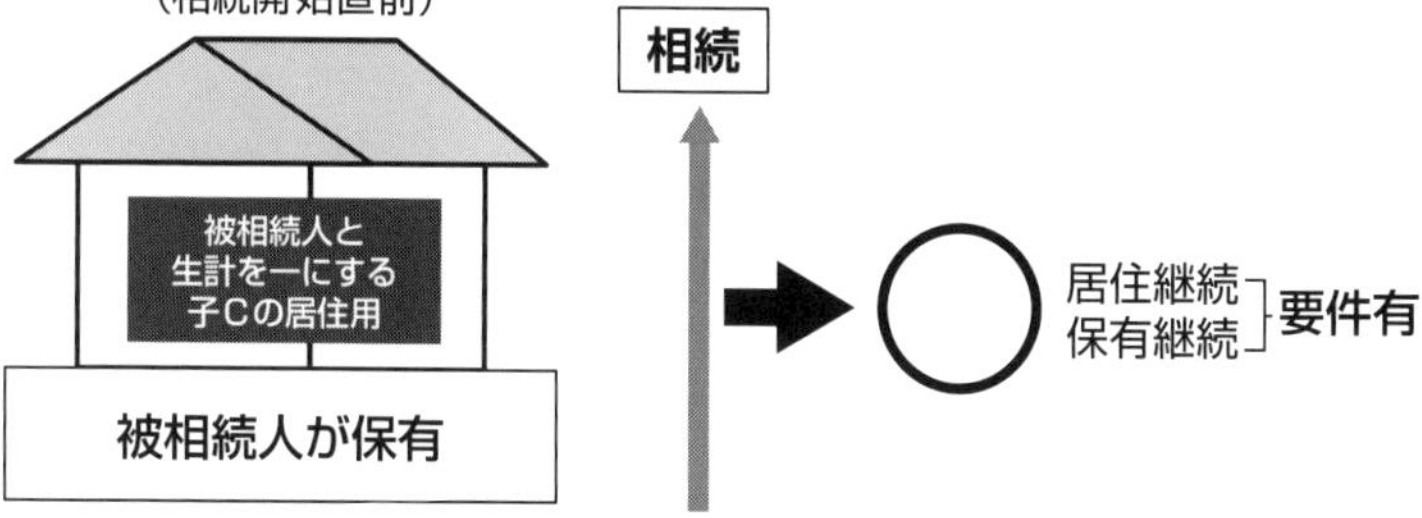

子どもCの場合は、相続税の申告期限まで住み続け、かつ保有を続けることが条件です。

※「生計を一にする」とは、必ずしも同一の家屋に起居していることをいうのではありません。勤務、修学、療養等の都合上、他の親族と日常の起居をともにしていない親族がいる場合であっても、次の場合は、生計を一にするものとします。

（イ）当該他の親族と日常の起居をともにしていない親族が、勤務、修学等の余暇には当該他の親族のもとで起居をともにすることを常例としている場合

（ロ）これらの親族間において、常に、生活費、学資金、療養費等の送金が行われている場合

67

二世帯住宅の適用要件が緩和されたと聞きました。

構造上区分なし（内階段等の場合）

二世帯住宅であっても、内階段があるような、つまり1階と2階が内部で行き来できる構造になっている場合には、母が相続した場合も同居の子Aが相続した場合も、敷地全部330㎡が適用対象になります。

構造上区分あり（外階段等の場合、しかし区分所有登記はされていない）

① **配偶者（父・母）ありの場合**

「母が相続した場合」…全体の敷地330㎡が適用対象（母が相続した土地については父と母が住んでいた2階部分だけでなく子が住んでいた1階部分に相当する宅地についても対象になります）

「子Aが相続した場合」…同居が認められ敷地全体330㎡が適用対象（子は、父の居住の用に供されていた1棟の建物に居住していた者なので、子が相続した場合にも、1階部分、2階部分ともに対象になります）

「母と子が半分ずつ相続した場合」…母165㎡、子165㎡、合計330㎡が適用対象

・なお、相続人であっても同居していない賃貸

二世帯住宅の適用要件の緩和①

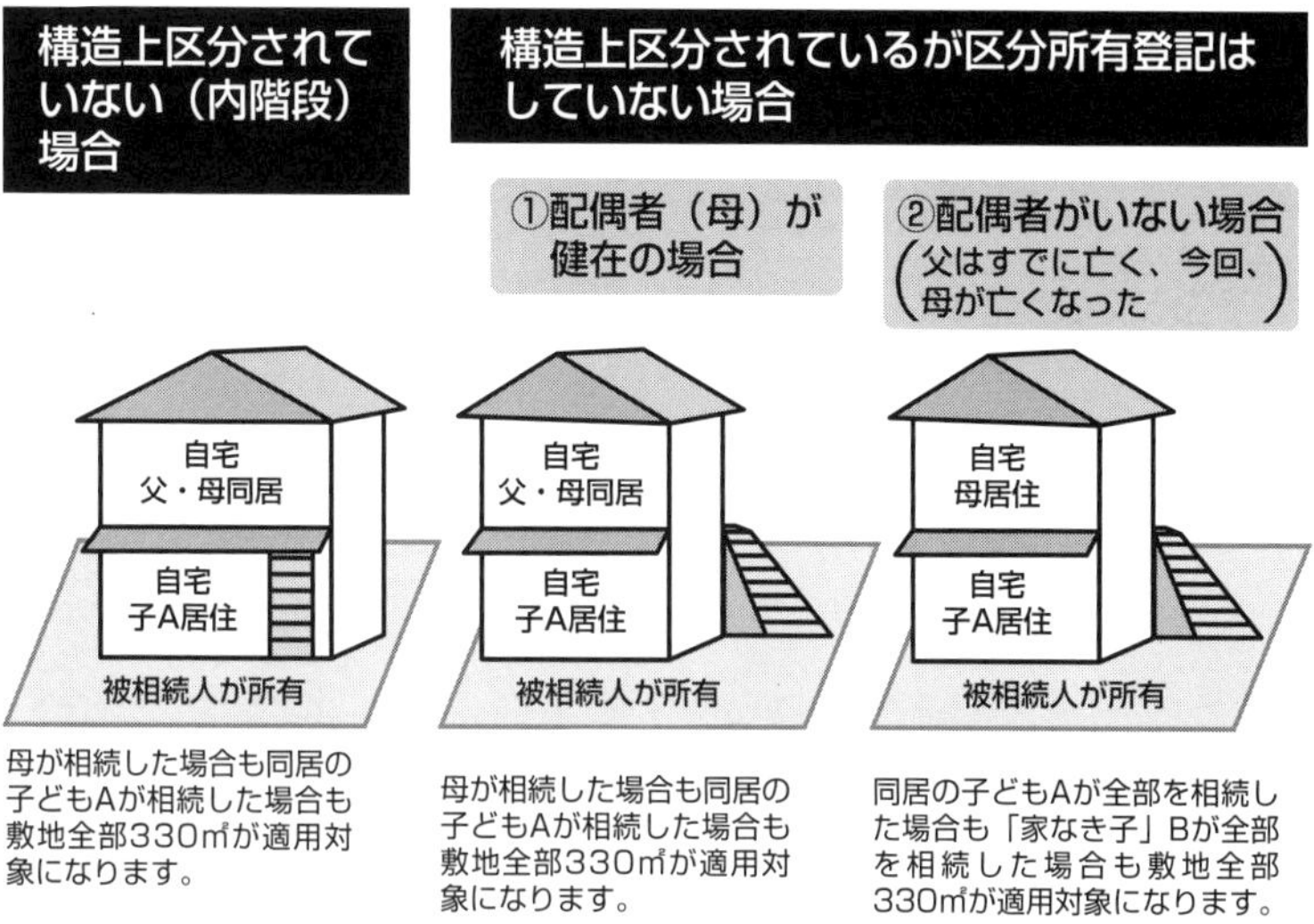

母が相続した場合も同居の子どもAが相続した場合も敷地全部330㎡が適用対象になります。
母が相続した場合も同居の子どもAが相続した場合も敷地全部330㎡が適用対象になります。
同居の子どもAが全部を相続した場合も「家なき子」Bが全部を相続した場合も敷地全部330㎡が適用対象になります。

アパートに住んでいる別居の子Bが相続した場合は該当なしです。

② 配偶者がいない場合（父はすでに亡く、母と子どもAが住んでいた）

「子Aが取得した場合」…敷地全部330㎡が適用対象

「1階部分については子A、2階については別居の子Bが取得した場合」…敷地全体330㎡が適用対象（登記は1／2ずつになります。子Aは子A居住対応部分165㎡が受けられ、子Bはいわゆる「家なき子」に該当し、2階部分165㎡の適用が受けられます）

「別居の子Bが相続した場合」…敷地全部330㎡が適用対象（2階部分は誰も住んでいませんし、1階部分の子Aが構造上区別されている建物に住んでいて同居と取り扱われないので、子Bは敷地全部の適用が受けられます）

68 二世帯住宅で構造上の区分あり、区分所有登記がされている場合はどうなりますか。

1階部分に居住する子Aは、同居といえません）

配偶者がいない場合（父はすでに亡く、今回、母が亡くなった）

① 子Aが相続した場合→適用なし。

子Aの自宅は、区分所有である旨の登記がされているので、平成30年4月1日から改正により、被相続人母の所有する家に住んでいる子どもは「家なき子」に該当しないとなりましたので、特例の適用は受けられません（経過措置で、令和2年3月31日までに相続が発生した場合には、特例が受けられます）。

配偶者（母）がいる場合

母が相続した場合

全体の敷地の1／2（165㎡）が適用対象（父と母が住んでいた2階部分については、特例の適用対象となりますが、子Aが住んでいた1階部分の宅地については、区分所有建物である旨の登記がされていることから、居住用の宅地に含まれないため、特例は受けられません）

子Aが相続した場合

同居が認められず適用なし（子Aが相続した場合は、区分所有建物の登記がされているので、

二世帯住宅の適用要件の緩和②

構造の区分があって区分所有登記がされている場合

①配偶者（母）が健在の場合

②配偶者がいない場合

③親と子が別棟に居住している場合

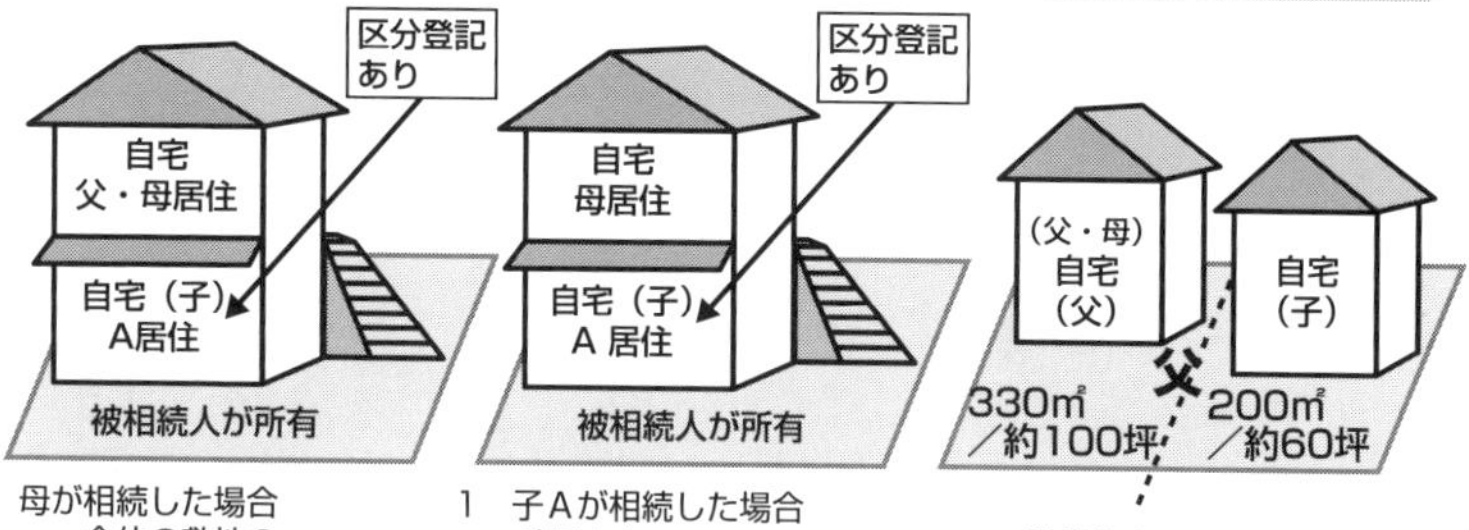

母が相続した場合
→全体の敷地の1/2（165㎡）が適用対象
子Aが相続した場合
→同居が認められず適用なし

1　子Aが相続した場合
→適用なし
2　「家なき子」の子Bが相続した場合
→母の居住部分2階に対応する敷地1/2（165㎡）が適用対象

二世帯住宅で区分所有登記がされている場合と同じ扱いです。

② 賃貸アパートに居住していた「家なき子」子Bが相続した場合↓母が居住していた2階部分が該当するので、全体の敷地の1／2（165㎡）が適用対象になります。

親と子が別棟に居住している場合

1棟は親、別棟は子どもが居住の場合の取り扱いは、二世帯住宅で区分所有登記がされている場合と同じ扱いです。

つまり

母が相続した場合

母が居住している（左側）330㎡が適用あります。

子どもが相続した場合

適用ありません。

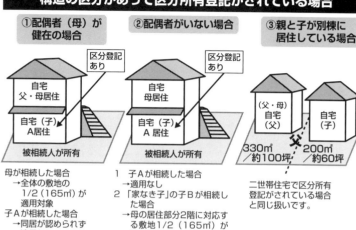

69 老人ホームや病院で亡くなった場合は特例は受けられますか。

老人ホームに入居中に亡くなった場合

① 介護が必要なため入所したものであること

入所の段階で介護状態であることが必要ではないのですが、相続開始時点で要介護の状態であることが条件です。

つまり入所の時点では要介護の状況ではなく、健康であり介護の必要がなくとも、相続開始の時点で要介護等の状態であれば、特定居住用宅地となります。

② 相続した家屋が空屋のままであること

従来は、当該家屋が貸付等の用途に供されていないことだけが要件でしたが、平成26年からは、同居していない親族が、被相続人が空き家にした部屋に居住した場合には、特例が受けられなくなりました。

病院に入院中に亡くなった場合

病気での入院は、老人ホームとは違い、入院期間中は病院にいますが、病気が治れば入院前の自宅に戻ることになります。

つまり、入院は一時的なものと一般的には考えられていますので、居住していた建物を賃貸するような用途変更がなければ、入院期間の長短を問わず、入院前の状況で判断します。よって、入院前に被相続人が居住していたのであれば、被相続人の特定居住用宅地となります。

有料老人ホームの入居金の返金の取り扱い

① 夫が自分で老人ホームの入居金を支払っていた場合

たとえば、夫が有料老人ホームの入居金1000万円を支払い、夫が亡くなったので親族が入居の契約を解約し500万円が返金された場合には、この500万円は相続財産になります。

② 夫が妻のために入居金を支払った

(1) 相続財産とはならないとされた事例

被相続人は配偶者が入居していた有料老人ホームに、入居金945万円を支払いました。この場合、配偶者が亡くなった時に解約すれば返金されたであろう約529万円について、相続財産にされるのかどうかが争われました。しかし、生活費に充てるためにした贈与と認められるもので、非課税財産と判断されました。

(2) 相続財産とされた事例

被相続人は配偶者の老人ホームの入居金1億3370万円を支払いました。入居金は極めて高額であり、社会通念上、日常生活に必要な費用であるとは認められないので、贈与税の非課税財産である生活費には該当しないので相続財産と判断されました。

(3) まとめ

2つの結論を分けたものは、その贈与が「社会通念上」妥当かどうかということに尽きるでしょう。つまり、その老人ホームへの入居金が介護のために一般的に必要な金額の範囲内かどうかが判断のポイントです。

70 小規模事業用宅地等の特例について教えてください。

貸付事業用宅地等とは何か

貸付事業用宅地等とは、不動産貸付業、駐車場業、自転車駐車場業および事業と称するには至らない不動産の貸付などに利用されている宅地です。不動産貸付用宅地である場合には、50%の評価減、面積も200㎡までとなります。

1　特例が受けられる条件

①宅地の上で営まれていた被相続人の不動産貸付業を相続税の申告期限までに継承していること（事業承継）。②相続税の申告期限までその事業を営んでいること（事業継続）。③その宅地を相続税の申告期限まで保有していること（保有継続）

2　相続開始前3年を超えて貸付事業を行っていること

①平成30年4月1日から貸付事業用宅地等の範囲から、相続開始前3年以内に貸付事業の用に供された宅地等が除外されました

②相続開始前3年を超えて事業的規模で貸付事業を行っている者は、①の適用はありません。

③平成30年3月31日までに貸付事業用に供された宅地等で令和3年3月31日までに相続が発生した場合には、①の適用はありません（経過措

置)。

特定事業用宅地等とは何か

1　400㎡まで80%の評価減が認められる制度

事業として個人商店やコンビニエンスストア、町工場を経営しているような場合がこれにあたります。事業者の相続税の負担を緩和するための措置です。特定事業用宅地と特定同族会社事業用宅地については、面積も400㎡となっており、居住用の特例の要件330㎡よりも広くなっています。

特定事業用宅地等にはアパート、マンションなどの不動産貸付用宅地は該当せず、不動産貸付業以外の事業を営んでおり、かつ次の①~③の要件を満たす必要があります。

①その宅地の上で営まれていた被相続人の事業を相続税の申告期限までに継承していること(事業承継)。②相続税の申告期限までその事業を営んでいること(事業継続)。③その宅地を相続税の申告期限まで保有していること(保有継続)。

2　相続開始前3年を超えて特定事業を行っていること

①平成31年4月1日以後に相続が発生した場合には、相続開始前3年以内に事業の用に供された宅地等は特例対象になりません。

②ただし、当該宅地の上で事業の用に供されている減価償却資産の価額が、当該宅地の相続時の価額の15%以上であれば、特例の適用対象とする。

③平成31年3月31日までに事業の用に供した宅地等で令和4年3月31日までに相続が開始した場合には、①の適用はありません(経過措置)。

71

自宅とアパートがある場合の小規模宅地等の特例の有利な使い方はありますか。

減額割合はそれぞれ違う

小規模宅地等特例では、居住用や不動産貸付用のために使われている宅地については、居住用は330㎡まで80％の評価減、不動産貸付用は200㎡まで50％の評価減を受けることができます。

具体例を用いて、計算を行ってみましょう。

土地のうち自宅部分が200㎡（相続税評価額4000万円）、アパート用地部分300㎡（相続税評価額6000万円）の評価減の金額を計算する場合は、アパート用地より自宅のほうが有利なので、優先的に80％減額の自宅を対象とし、残りをアパート用地で適用します。

①自宅は、330㎡まで可能ですが、実際の面積が200㎡しかありませんので、200㎡が対象面積です。その結果、残りの面積は、330㎡－200㎡＝130㎡です。

②アパート用地として利用可能な面積を計算する場合は、130㎡×200÷330＝78・78㎡となります。この面積までが50％の評価減の対象です。

減額金額

・自宅

自宅とアパートでは計算法が異なる

条件＝敷地面積300㎡
自宅は長男と同居、相続人は妻と長男（同居）

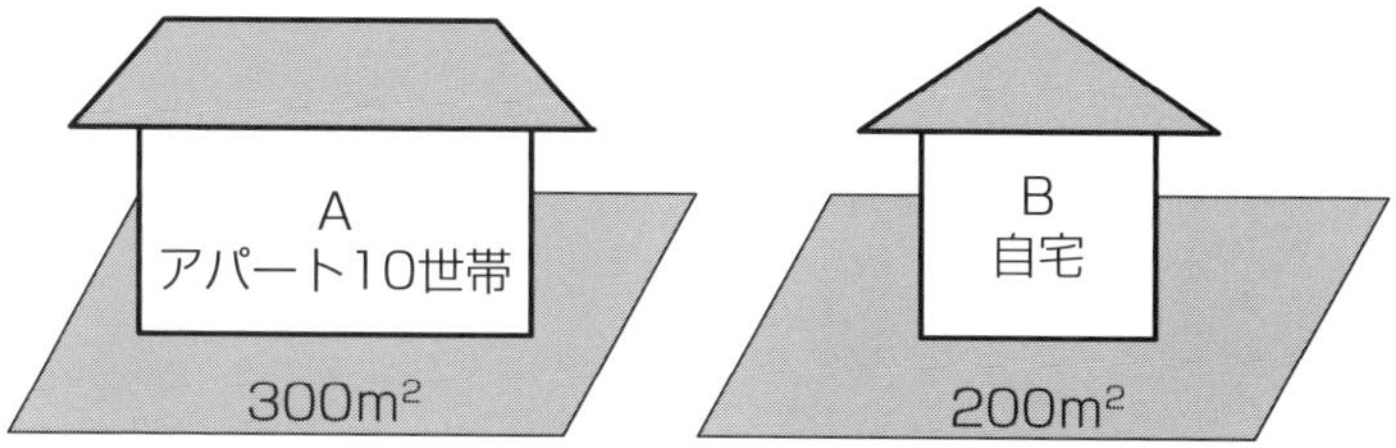

B＝妻と長男同居

４０００万円（２００㎡）×80%＝３２００万円

・アパート

６０００万円×50%×78・78㎡／３００㎡

＝７８７・８万円

総額：３９８７・８万円

アパート用地の評価が高い場合

自宅より賃貸物件の相続税評価額が高い場合、たとえば自宅は駅から離れているが、賃貸マンションは駅前で相続税評価額が高い場合には、その点も勘案しなければなりません。

たとえば自宅が２００㎡で相続税評価額が５０００万円、賃貸マンションが１００㎡で１億円の場合

1　どれが有利か

・自宅

５０００万円／２００㎡×80%×３３０㎡

＝６６００万円
・賃貸マンション
１００００万円／１００㎡×50％×２００㎡
＝１００００万円

よって賃貸マンションを優先的に適用したほうが有利です。

有利判定では、自宅は３３０㎡まで80％の減額で、賃貸マンションは２００㎡まで50％減額となります。面積と減額割合が違いますので、その点を考慮して、実際の面積ではなく、特例限度額面積を掛けて総額で判断します。

2　自宅の特例適用可能面積

３３０㎡−１００㎡×３３０／２００
＝１６５㎡　となります

3　減額金額

・賃貸マンション
１００００万円×１００㎡／１００㎡×50％

＝５０００万円
・自宅
５０００万円×１６５㎡／２００㎡×80％
＝３３００万円

総額：８３００万円

二次相続まで考えた場合

また、たとえば自宅が６６０㎡以上あり、父親の相続時と二次相続で母親が亡くなった時にも適用できる場合には、子どもが優先して適用を受けると、父親の相続時に３３０㎡、母親の相続時に３３０㎡受けられるので合計６６０㎡となり有利です。

もし、母親が先に３３０㎡を受けると、母親の相続時には、この３３０㎡の評価減をすでに適用済みの土地に再度適用することになり合計で３３０㎡しか受けられず不利です。

第7章

資金難でも大丈夫「延納・物納編」

相続税は現金による納付が原則ですが、期限までの納税が難しいこともあります。そのような場合、納付期限を延ばす、あるいは現物で納税するといった制度があり、これを「延納」「物納」といいます。制度の概要と、利用法を紹介します。

72 一括納付が難しいのですが延納制度とは何ですか。

金銭による納付が困難な場合に利用する

相続税が多額で現金納付をすることが困難な場合、相続税を分割して支払う「延納」という制度があります。

延納をするには、次の要件を満たすことが必要です。

①納付総額が10万円を超えること
②納付期限までに金銭で全額納付することが困難な金額であること
③相続税の申告期限までに「延納申請書」を提出し担保を提供すること

延納を採用した場合のその期間や利息は、相続した財産のうちに占める不動産の割合に応じて異なります。たとえば不動産の割合が相続財産の75％以上であると、期間は20年以内、金利は0・7％です。現金・預金、有価証券などの動産が相続財産に含まれると、換金が容易な財産であるため、延納の利子税も高くなります。詳細は次ページの表のようになります。

延納した場合には、利子税が課されて、毎年の納付額（分割払い額）が決まります。計算方法は「元金均等払い」です（「85」218ページ）。

具体的には、申告期限から1年目に元本（相

延納期間と利子税

不動産などの割合	区分	延納期間（最高）	利子税（年割合）
①75%以上の場合	不動産などにかかる延納相続税額	20年	0.7%
	動産等にかかる延納相続税額	10年	1.1%
②50%以上75%未満の場合	不動産などにかかる延納相続税額	15年	0.7%
	動産等にかかる延納相続税額	10年	1.1%
③50%未満の場合	一般の延納相続税額	5年	1.3%

※財務大臣が告示する割合が0.8%の場合（平成27年度）

続税の延納額÷延納期間）とその利息を合わせて支払います。銀行ローンの「元利均等払い」では毎回の支払額が同額ですが、元金均等払いでは最初の支払いが多く、その後の支払いが減少していくので、最初の数年間は支払いが大変に感じることがあるかもしれません。

利子税の支払いにも十分に注意しよう

また、延納の利子税は経費にならないので、経費になるアパートの借入金利息より支払いは厳しいものとなります。

この違いをよく理解しておかないと途中で返済が滞り、延納が取り消されるといったことも発生しかねないので注意が必要です。

73 物納をスムーズに進める方法を教えてください。

現金納付、延納、物納という順番

現金納付、延納、物納の順位は、①預金および換価が容易な財産があれば、まずは現金納付が優先されます。②被相続人である父親からの相続財産だけでなく、相続人である子どもたちの現金、預金なども納付の対象となります。③物納しなくとも延納で納税が可能とされる金額は物納できません。

遺産分割による物納対策

相続財産に多くの現預金が含まれている場合の遺産分割は、現預金を相続税の納税義務のない配偶者名義にします。次に、長男、次男は、不動産を相続すると、不動産の物納ができます。

物納をする時に記載する「金銭納付を困難とする理由書」のポイントは以下の通りです。

①相続人固有の財産に現金・預貯金その他換価が容易な財産がある場合は、事前に資産の組替えを行っておく

②理由書の裏面、生活費の計算「生活費の検討にあたって加味すべき金額」には、治療費、養育費、子女の教育費（私立高校）の支払額（過去の支払い実績等を踏まえた金額による）、住

遺産分割による物納の例
（相続財産に多くの現預金が含まれている場合）

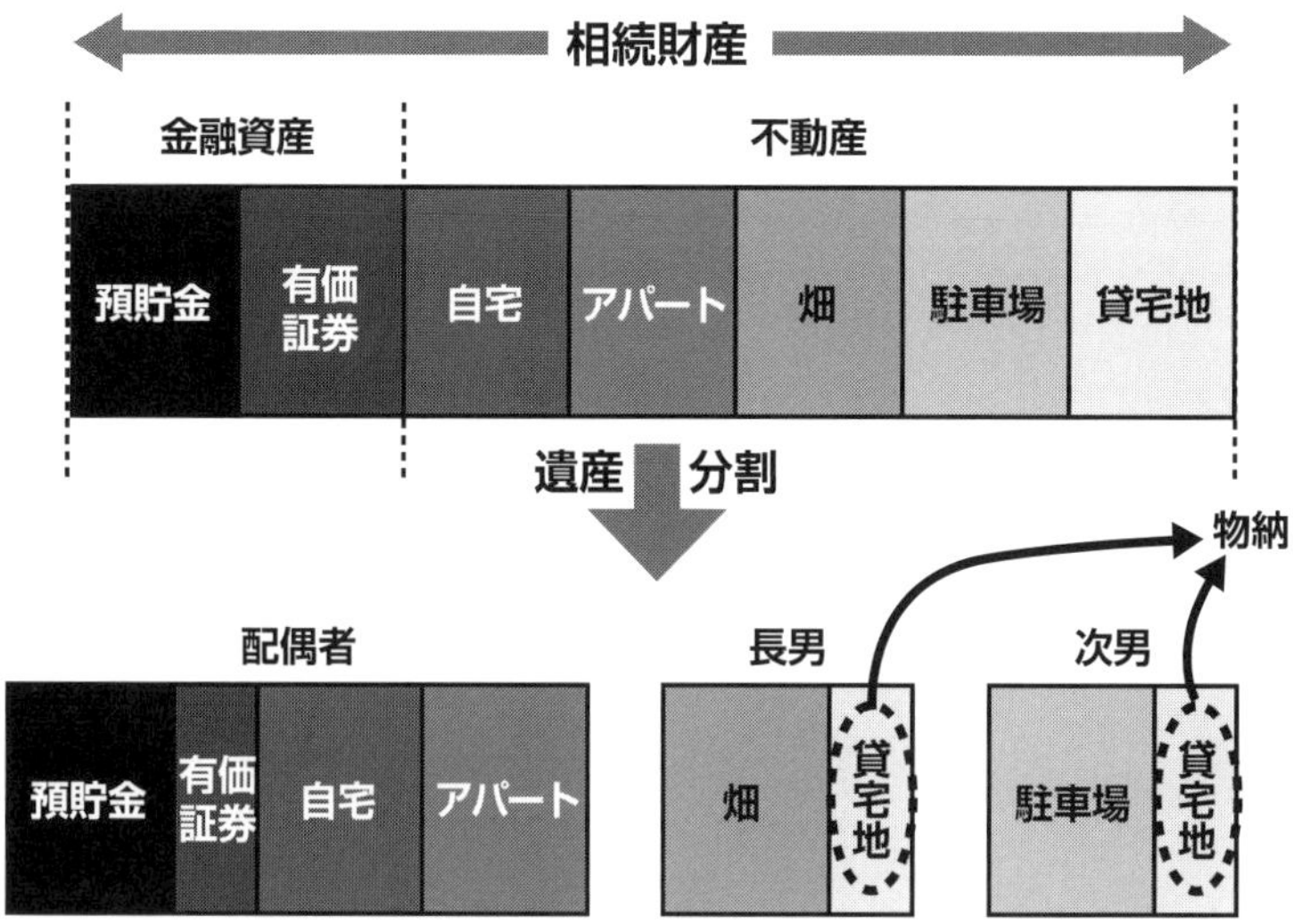

宅ローンなどの経常的な支払いなどを書く（その他、考えられる項目として、光熱費、通信費、家政婦給与、ガソリン代、交際費、慶弔費、造園料、別荘管理費、旅行費〔海外旅行〕などが挙げられます。普段から家計簿を細かくつけておく、領収書を保管しておくなどし、備えておきましょう）

理由書の裏面「概ね一年以内に見込まれる臨時的な支出の額」で、例として考えられる項目としては、車両購入、自宅のリフォーム・改築、別荘リフォーム、アパート建築などです。事業計画書・契約書・借入申込書の写しなど、支出に関する具体的な内容及び支出時期の確認できる参考資料を添付する必要があります。

74 貸宅地を相続しましたが物納はできますか。

貸宅地の物納は簡単ではない

貸地であっても物納はできます。しかし、貸地の物納は、不動産の物納のなかでも最も複雑な手続きの1つです。他人に賃貸し借地権がある宅地の底地部分を物納すること自体は可能なのですが、貸地であるために一般の土地を物納するより難しくなります。

特に借地人との契約が口約束で賃貸借契約書を作成していない場合、賃貸借契約書の作成から始めなければなりません。誰が貸主で誰が借主であるか、賃料がいくらか、賃貸期間がいつまでかなど、税務署は確認できないからです。

また地代が相場に比べて著しく安い場合も物納ができないことになります。基準としては、①〔前年路線価による相続税評価額×1・1%＝年間地代（首都圏ではこれより若干安い地代）〕や、②近辺の類似した土地の地代の70%程度だと物納は難しいでしょう。

実測を行い借地人から同意を得よう

では、一筆《いっぴつ》の土地を4人に賃貸していて、借地人ごとにどこからどこまで貸しているのかが明確ではないケースについて考えてみましょう。

この時にまず必要になるのは、借地人ごとに使用面積を明確にし実測することです。貸地を物納する場合には、地積測量図を添付することになっているからです。地積測量図の作成にあたっては、①一筆ごと借地人別に実測すること、②実測の時の各測点には、はっきり残るように境界線（石・木材など）を打ち込むことになっています（このような隣地地主との間の境界を定めることを「民民査定」といいます）。

また、土地賃貸借契約書に「むこう10年間は地代の値上げをしない」旨の特約がある場合などでは、特約条項を削除や変更しない限り、物納はできません。契約書の特約条項が納付先である国に不利な内容であるためです。反対に「無断増改築禁止の特約」や「無断譲渡禁止の特約」が契約書に含まれていない場合には含めるように要求されます。

なお、借地人からの物納の承諾書は書面でもらう必要はないとされていますが、境界の確認、敷金などの債権債務の有無の確認などについては書面で同意を得ることが必要となるので、結局は借地人の承諾がないと物納はできないことになってしまいます。

土地については、実測に基づく地積へ更正登記することが必要です。借地人の建物についても建物謄本と現況の一致や賃貸借契約書と建物所有者の合致が必要です。

貸宅地を物納するための条件をまとめると、次の通りです。

①登記簿面積、実測面積、契約面積が一致していること
②借地境が確定し、境界の標示がされていること
③地代の支払いが遅延していないこと、不当に安くないこと

75

相続税を支払うために土地売却しても課税になると聞きました。

相続税を支払うための土地売却は課税対象

譲渡所得税は、売却代金から土地の取得費と譲渡経費を引いた所得に対して課税されます。この取得費に、相続税の申告期限から3年以内に不動産を譲渡した場合には、支払った相続税を取得費として加算できます。

平成27年相続分からは、「売却した土地に対応する相続税のみ」が取得費に加算される相続税となったため、譲渡所得税が掛かるようになりました。

（平成26年までに相続が発生した分については、相続したすべての土地に対応する相続税を加算できる」としていたので、税金がかからないケースがほとんどでした）。

相続税の取得費加算の対象となるのは、売却した土地だけなので、取得費加算となる金額は、例で説明すると、土地Aを1億円で売却した場合には土地Aの相続税3000万円…aが取得費となり、土地B、土地Cの相続税b．cは対象になりません。（次ページ参照）

相続した財産と相続税

	財産額	相続税	
土地 A	10,000 万円	3,000 万円	… a
土地 B	12,000 万円	3,600 万円	… b
土地 C	18,000 万円	5,400 万円	… c
土地合計	40,000 万円	12,000 万円	
建物	5,000 万円	1,500 万円	
預金合計	5,000 万円	1,500 万円	
全財産の合計	50,000 万円	15,000 万円	

●税金の計算

売却収入	10,000 万円	… ①
取得費　①×5%	△500 万円	
仲介手数料	△300 万円	
相続税の取得費の加算（a）	△3,000 万円	
譲渡所得	△6,200 万円	… ②
税金　②×20.315%	1,259 万円	

重要

76

相続が発生してから困ることは何ですか。

口座から預金を引き出せない

相続が開始すると、遺産分割協議が成立するまで、相続人名義の口座が凍結され、預金取引が停止することになります。そのため、故人名義の預金が引き出せなくなり、急な支払いや生活費などに窮する可能性があります。

また、ローンの返済が滞ることにもなります。このまま遺産分割が終了するまでローンの返済がストップすると、その間の利息は通常の金利ではなく遅延利息が発生し、より多くの利息の負担をしなければなりません。

これを避けるためには、銀行指定の同意書（相続人全員が預金引き出しに同意する旨、署名・実印による押印が必要）を提出し、引き出しなどを可能にしておくとよいでしょう。しかし、遺産分割でもめている場合には、この同意書作成が困難なことが予想されます。

民法改正で150万円の仮払い制度が創設

遺産分割協議が成立するまで、預金が凍結されると葬儀費用や医療費などの支払いに困るので、仮払い制度ができました。相続人1人あたり同一の金融機関（複数の支店に相続預金がある場合はその全支店）で上限が150万円までですから、今後は預金をいくつかの金融機関に分散して預金しておくことが必要です。

具体的な内容は、預金残高の1／3のうち法定相続分で計算します。

事例

・被相続人（父）のA銀行の預金残高2000万円

・相続人

母・長男・次男

・長男の仮払い金額

2000万円×1／3×1／4（法定相続分）＝166・6万円

166・6万円＞150万円　よって150万円の仮払いが可能。

それ以外に有効な3つの対策

①　危なくなったら普通預金を引き出しておく

定期預金の解約は、ほとんどの銀行で本人の申し出および本人確認が必要となり、「いよいよ」という段階では難しいので、親が元気なうちに預金を引き出しておくという人が少なくありません。

②　生命保険に加入しておく

生命保険金はみなし相続財産として相続税の課税対象になりますが、民法上は相続財産ではないため、遺産分割協議の必要がない財産とされています。したがって、保険契約書に保険受取人と記載されている子どもなどが手続きを行えばすみやかに現金が支払われます。また生命保険非課税枠である500万円×法定相続人数に相当する金額には相続税が課税されないので、現金や預金のまま相続するより有利です。

③　不動産管理会社を設立しておく

管理法人による一括借上方式により、法人名義の口座へ賃料が入金される形態にしておけば、個人口座は銀行取引が停止になっても、法人口座は取引停止にならないので安心です。

この方法を使うと入金口座を別口で持つことができ、賃料の引き出しができなくなるということはなくなります。

④　家族信託を利用する

家族信託を利用してマンション等の賃貸物件を長男等に信託をしておけば、相続が開始しても預金が凍結されることはありません（詳しくは58ページの「家族信託」を参照）。

抵当権を引き継ぐ

被相続人の借入金に伴う抵当権は、これを相続人が引き継がなければなりません。銀行によっては「債務承継」ではなく「新規設定」によって、この引き継ぎを行うところがあります。「新規設定」は費用が高くつきますので事前に調べ、「債務承継」でローンの引き継ぎをお願いしましょう。

なお抵当権でなく根抵当権※の引き継ぎは、相続開始後6カ月以内という期限がありますので、注意してください。

この期間を過ぎると根抵当権の元本が確定して、通常の抵当権になります。通常の抵当権は、繰り返して借り入れることができません。

※根抵当権……不動産を担保にお金を借りるという点は抵当権と同じだが、根抵当権の場合、貸し出せる上限額（極度額）を決めて、その範囲内であれば何度でもお金を借りたり返済したりすることができるというもの。

第8章

家族で取り組む「管理会社設立編」

相続税の節税には賃貸住宅経営が有効だといわれます。そのなかでも不動産管理会社を設立した節税策が効果的です。管理会社設立と経営のポイントを紹介します。

77 不動産管理会社を利用すると節税になるそうですが。

三段階で節税が可能

まずは、マンション経営に会社をどのように利用するか基本的な考え方を整理してみましょう。

その方法は、第一段階、第二段階、さらに第三段階と所得や相続の状況に応じて変化します。

①第一段階：本人名義の土地に本人名義のマンションを建てる

最も一般的な方法です。この方法の場合、オーナーは個人の所得として申告をします。事業的な規模がある場合には、事業専従者給与を支払うと節税になります。

②第二段階：管理会社を設立し管理料を支払う

事業専従者給与の支払いでは、経営規模が拡大していくと節税に限界がきます。そこで、さらに所得の分散を図るために会社を利用します。つまり、アパートを管理する会社をつくり、所得を分散させることで所得税対策をします。

③第三段階：マンションを会社に売却する

管理会社の設立をしても所得の分散には限界があります。そこでアパートを個人から法人に売却して、家賃収入のすべてを会社の収入とします。会社は、増加した所得のすべてを給料として分散させることで収入の分散ができ、所得税の節税になります。

家族を不動産管理会社の役員にする

それでは管理会社を利用した節税方法を見てみましょう。土地を所有する個人が、自分の名義で賃貸マンションを建築し、それを不動産管理会社に管理してもらうことによって節税を図ることが可能です。そして、家族を管理会社の役員にすると、不動産管理会社を経由することによって、オーナーに偏りがちな収入を家族に分散し、節税につなげることが可能です。この不動産管理会社の運営形態としては、次の2つの方法が考えられます。

(イ) 管理委託方式(管理会社へ管理料を支払う方式)

これは、オーナーが所有する賃貸マンションを賃借人(テナント)に賃貸する時に、管理会社が仲介業などを行い、マンションの管理を代行することによって管理料を受領する方式です(197ページの図①を参照)。

支払った管理料は、オーナーの不動産所得の計算上は、経費となります。一方、管理会社が受け取った管理料は管理収入となります。この運営方式は、賃貸料の集金、清掃、借家人とのトラブルの調整など、比較的簡単な仕事であり、管理料としては家賃収入の5~7%程度が妥当と考えられています。

この方式の欠点は管理会社の収入が少ないこと、また管理料を受け取るために管理会社がどれだけの仕事をしたかが常に問題となることです。

(ロ) 転貸方式(管理会社へ転貸する方式)

オーナーがマンションを管理会社に一括して賃貸し、これを管理会社が賃借人(テナント)に転貸する方式で、一般的には「一括借上システム」と呼ばれています。賃借人から受け取る家賃と、オーナーへ支払う賃料との差額が管理会社の所得となるわけです（次ページの図②を参照）。この方式は、オーナーに家賃を保証することから、オーナーの賃料収入が安定します。

一方、不動産管理会社は、空室保証のリスクを負うことになります。一般にこの方式は、大手不動産管理会社が賃貸料の保証をする方法として利用されています。この場合の保証料は地域差や保証内容にもよりますが、家賃収入の10〜20％ぐらいが多いようです。

いずれの方式も、管理料、転貸料をいくらにするかが重要なポイントになります。管理会社に残る金額が大きいほどオーナーにとっては節税にはなりますが、その金額が経済的に合理性を持っていなければいけません。

過去の税務調査でも、30％以上を管理料とした場合には、否認（脱税を疑われている）されています。

したがって、前記2つの方式では、一般の会社が採用している基準を超えないようにすることがポイントになります。

なお不動産管理会社を持ちながら、大手のハウスメーカーの子会社等に管理を委託しているケースがあります。この場合、不動産管理会社は20％の管理料は取れません。実際の管理業務のかなりの部分を外注してプロに任せているためです。その分、家族の仕事が少なく、管理料の取り分も少なくなるわけです。

また、管理会社をつくること自体は簡単です。一般的な不動産管理会社であれば会社の形態として、合同会社が一般的ですが、株式会社にする方も多くいます。どちらでも税務上の取り扱いは一緒です。

不動産管理会社を利用した節税策

①管理委託方式　管理会社へ管理料を支払う方式

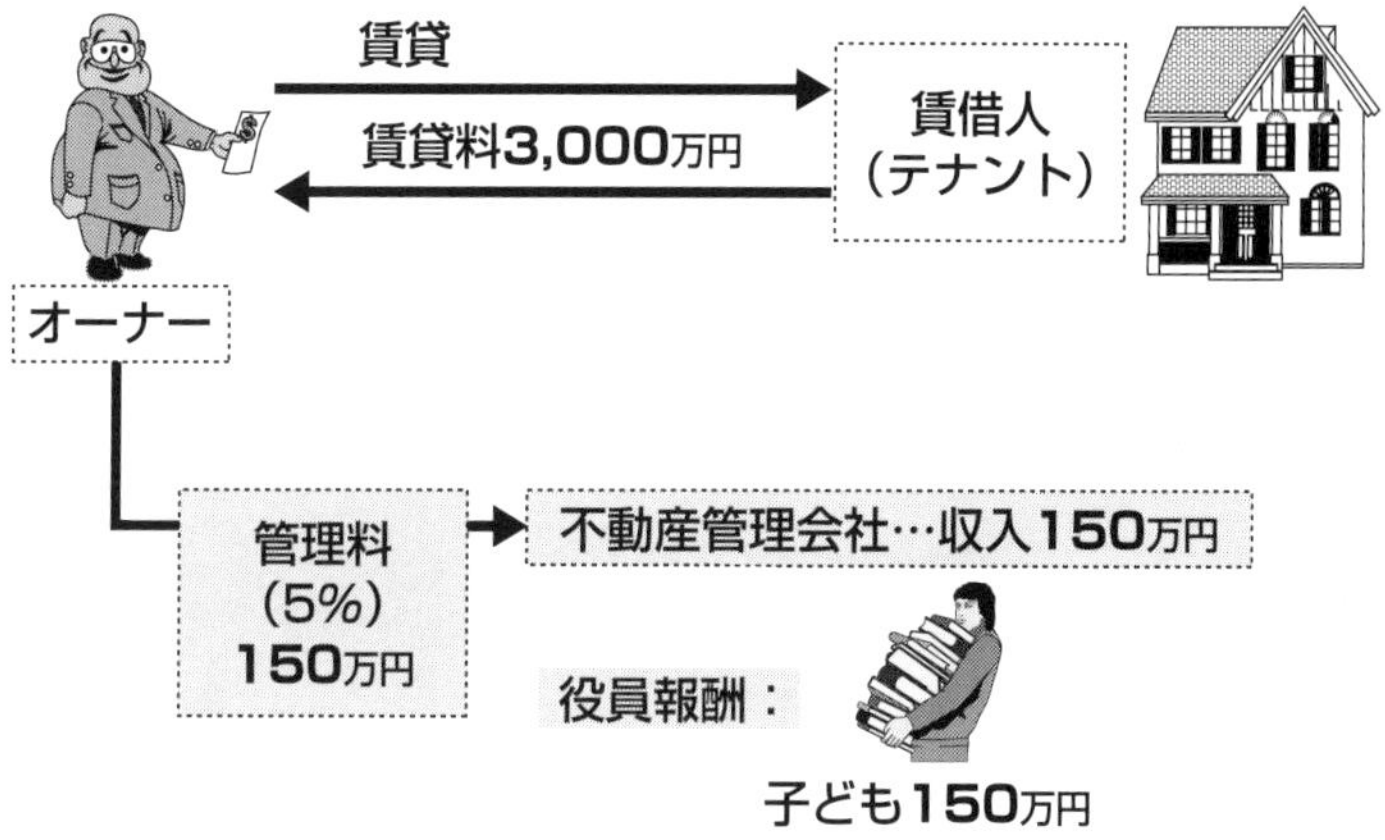

法人としての所得：150万円－ 150万円＝0

②転貸方式　管理会社へ転貸する方式

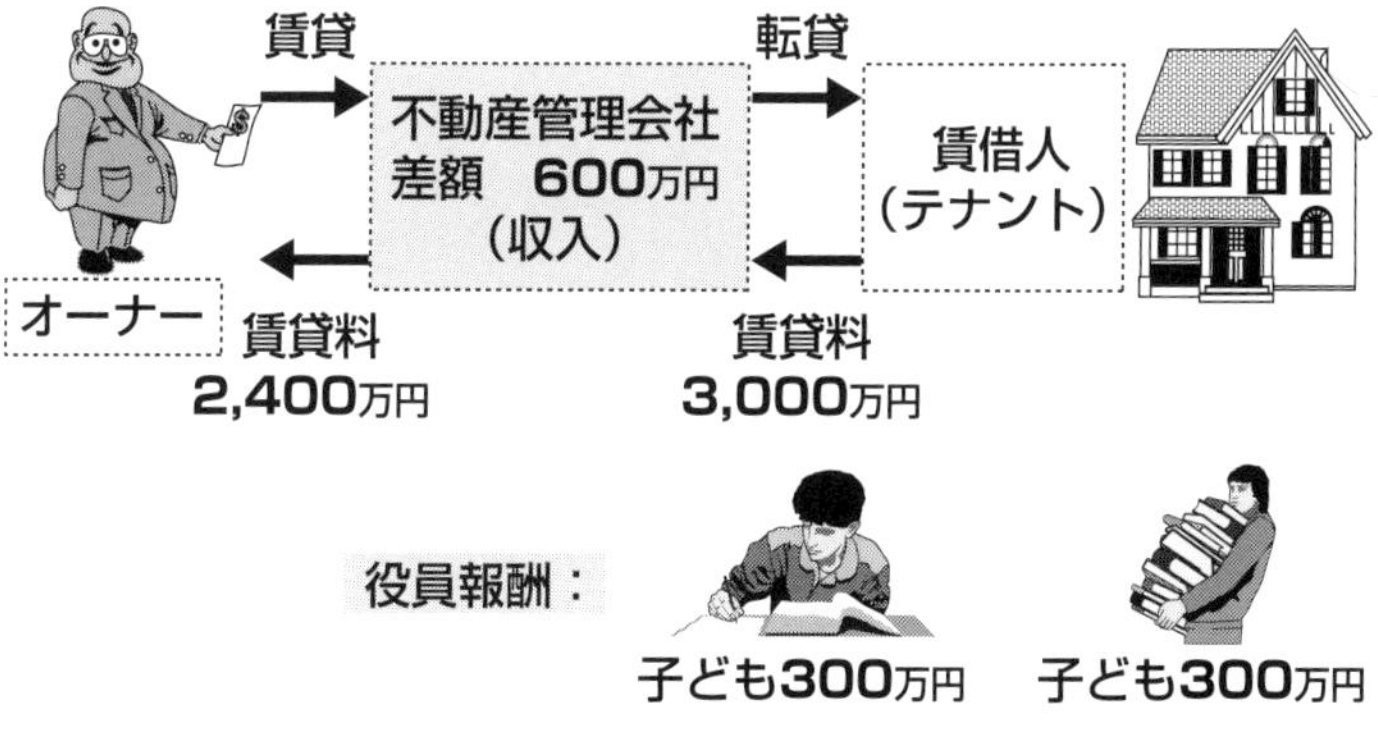

法人としての所得：600万円－(300万円＋300万円)＝0

78

不動産管理会社設立のメリットはどのようなものですか。

収入が分散されるので所得税対策になる

マンションや駐車場などを経営している地主さんが、不動産管理会社を設立する主な目的は、所得税の節税にあります。

実際によく行われているのは、妻や子どもを役員や従業員として管理会社を設立し、その会社に地主さんが家賃の一定割合を管理料として支払うことにより、地主さん1人に集中している所得を給与として家族に分散させることができます。

所得税は累進課税なので、所得を分散させれば税率が下がります。

さらに、給料をもらった家族はそれぞれ給与所得控除を受けられるので、ダブルの節税効果があるわけです。

ただしある程度以上の不動産収入がないと十分な給料を払えないので、不動産管理会社を設立する効果はあまりありません。

目安としては、不動産収入が3000万円（または、不動産所得で1000万円）以上あれば不動産管理会社の設立に向いているといえるでしょう。

生前に財産を移転できるので相続税対策にも

会社を設立することによる大きなメリットは、むしろ相続税対策にあると考えられます。

たとえば管理会社から子どもへの年間給与が300万円とすると、地主さんは自分の所得税を節税しながら、子どもに毎年300万円を生前贈与するのと同じ効果を得ることができます。しかも、所得税を節税しながらの移転ですから、300万円を贈与すれば支払ったであろう贈与税19万円（「300万円－110万円（基礎控除）＝190万円」×10％）も課税されていません。つまり、所得税を節税しながら、財産を移転できるという一石二鳥の効果があります。たとえば、子どもが2人いれば、年間600万円、10年で6000万円です。地主さんの相続税の税率が50％とすると、3000万円（6000万円×50％）の節税効果があることになります。

親子で相続対策を考える機会になる

親と子どもが、不動産管理会社を通じて不動産の管理収益状況をチェックするなどして不動産に対する考えを理解してもらい、不動産管理能力が子どもに備わってくれば、親子が共同で相続対策を考える土台ができます。

財産について親と子が冷静に話し合うというのはなかなか難しいものですが、会社を通すことによってスムーズに事業や資産の承継ができるのも、大きなメリットといえるでしょう。

79

不動産所有会社に売却する建物はどのように選ぶべきですか。

不動産管理会社から建物の所有会社へ

もしあなたが不動産物件を多く持っていて、不動産管理会社を設立し、それを不動産管理会社に管理してもらうことによって節税を図ろうとしても、収益の分配に限界が出てきます。この際、もう一歩進んだ対策として、※建物も会社が所有してしまうという方法があります。

個人名義だった建物を管理法人に売却すると、所有者は管理法人に変更されます。土地については変わらず個人所有のままです。土地の相続税評価も個人名義のマンションの場合とほぼ同じです。

また、家賃はまるごと所有会社の収入になり、一方で会社は、土地を借りているので父親に地代を支払います。父親が土地、建物を持っていたのを、建物を法人に売却すると、父親は家賃収入がなくなり、家賃収入と地代収入の差額分だけ収入が減って所得税が減るとともに、相続財産も増やさずにすみます。その分、会社の収入が増えることにつながります。

なお売却に際しては、建物の売却代金を建物の未償却残高とすることで、譲渡所得税は課税されません。

※建物も会社が所有してしまうという方法……この方法を「建物法人所有方式」という（203ページ）。

数字を使って、具体的に説明しましょう。
基本の計算式は次の通りです。

① 譲渡所得
売却収入－取得費

② 売却収入
未償却残高＝建築費－減価償却累計額

③ 取得費
建築費－減価償却累計額（減価償却費の合計額）

事例

建物の建築費を5000万円、減価償却累計額を4000万円とすると

①譲渡所得
1000万円（売却収入）－1000万円（取得費）＝0円

②売却収入
未償却残高＝5000万円（建築費）－4000万円（減価償却累計額）＝1000万円

③取得費
5000万円（建築費）－4000万円（減価償却累計額）＝1000万円

したがって、譲渡にあたっての所得税は発生しません。

新築の賃貸物件は会社所有には向かない

この時、会社所有にする建物は、古くなった賃貸物件がよいとされています。新しい建物は会社にとって買取価格が高くなり負担です。また借入金残高が多い建物だと、その返済を会社がすることになるので、会社の収益が少なくなってしまいます。しかも相続税対策にもなるせ

っかくの借金が、父親個人の名義から会社に移ってしまいます。ですから借入金があっても、法人に売却する物件は、①借入金残高が少なく、②築年数が長く、③減価償却の残高が少ないものを選ぶことです。また、新築物件の場合には、ロードサイドの店舗のように建築費が安い割に収入が多く、収入を分散させられる物件がよいでしょう。

メリット（まとめ）

①　収入が大幅増加、相続財産圧縮にも

不動産管理会社では、5～20％の管理料収入しか見込めません。しかし、建物所有会社では賃料は全額会社に入金し、支払いは土地所有者である父親に、固定資産税の3倍程度の地代を支払うだけでよいので収入が大幅に増加しますので、父親の相続財産を減らす効果も増大します。

②　申告が簡単になり税務調査でも指摘なし

不動産管理会社では、法人税の申告だけでなく所得税の申告も複雑で、常に管理の実態が税務調査で問題となりますから、ミスや勘違いで予想以上の課税が発生するリスクがあります。

しかし、不動産所有会社では、複雑な申告はなく、簡単な申告となりますので、税務調査でも問題が発生することがありません。

③　法人名義にしても個人名義と同様の効果

父親が所有している土地の相続税評価は建物が個人の場合には、貸家建付地として18～21％評価減になります。建物名義が法人となった場合には、個人と法人で「土地の無償返還に関する届出書」※を税務者に提出して、通常の地代を支払えば、土地の相続税評価額は20％減額されますので、ほぼ同一の効果が得られます。

※土地の無償返還に関する届出書……本章「81」（206ページ）参照

不動産管理から建物の所有へ

現状

建物＝㊫名義

土地＝㊫名義

↓

建物法人所有方式

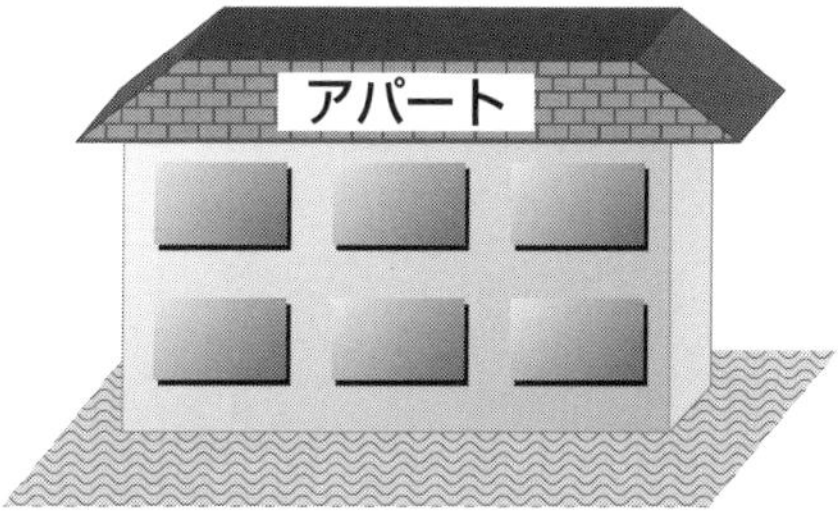

建物＝(法人)名義へ移転

土地＝㊫名義のまま

【注意点】
①できるだけ借入金残高が少ない物件を選ぶ
②築年数が古く、減価償却の残高が少ない物件を選ぶ
③新築物件では収入が高い物件を選ぶ

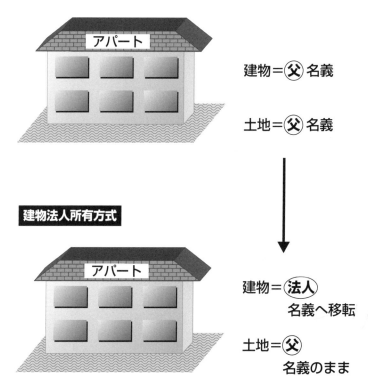

80 個人の土地に会社名義で建物を建てることにしたのですが。

相続税、法人税、所得税の観点から考える

個人Aが、会社甲に土地を賃貸して、会社甲がそこに建物を建てた場合、税務上の取り扱いでは、会社甲は、原則として一般的な権利金と地代を支払う義務があります。もし無償で使用するなら、税務上その旨の届け出をする必要があるのです。この届け出をしないで、地代などを支払わない、つまり無償で土地を利用すると、会社甲は本来支払うべき権利金と地代の贈与を受けたとして、借地権相当の受贈益が発生するため法人税が課税されます。

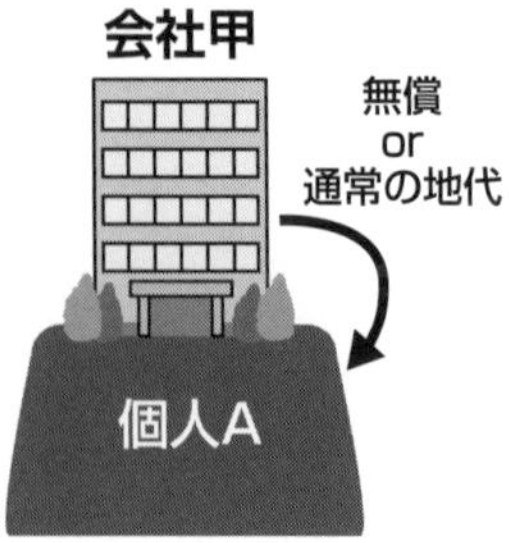

あなたが会社甲を代表する立場だったとして、税金がかからないようにするには次の2つの方法を選ぶとよいでしょう。

① 地代を無償にする方法

会社甲は個人Aから無償で土地を借り、税務署に「土地の無償返還に関する届出書」（次項参照）を提出します。この届け出は、将来的に会社が土地の賃借をやめ、個人に土地を返す時、会社は土地に対する借地権を個人に主張しないで、無償で土地を返還することを約束するということを意味します。したがって、会社には、権利金や地代に相当する借地権の贈与を受けたとする受贈益課税はありません。つまり、法人税は課税されないのです。

② 通常の地代を支払う方法

会社甲が「土地の無償返還に関する届出書」を税務署に提出するところは①と同じですが、地代は無償でなく「通常の地代」を支払います。「通常の地代」とは、固定資産税の3～5倍程度の地代をいいます。

通常の地代を支払うほうが節税につながる

それぞれの方法の考え方を説明します。

まず、①「土地の無償返還に関する届出書を出し、地代も無償の方法」についてですが、個人に地代を支払わないため、会社名義の賃貸マンションを建てたとすると収入がすべて会社のものになり、収入や所得の分散になります。つまり、所得税対策としてはとても有効です。しかし、無償使用の場合には、個人Aの土地の相続税評価額が更地評価（評価減がありません）となり、相続税の観点から見た場合にはメリットはありません。

②「通常の地代を支払う方法」についてですが、個人Aに通常の地代を支払う分だけ収入や所得の分散には多少不利です。しかし、この方法のメリットは個人Aの土地の相続税評価が下がることです。つまり、通常の地代を支払うと個人Aの土地の評価額は20％減額されます。

81

無償返還届出書を出し忘れている土地はどうなりますか？

法人には受贈益が課税

借地権の慣行のある地域において個人が法人に土地を貸した場合、貸付した時点で借地権が法人に移転しますから、他人との土地賃貸であれば、法人が借地権価額相当の一時金である権利金を支払うことになります。もし、権利金を支払わない場合には、会社は権利金相当だけ得したことになりますので、受贈益に計上し、課税されることになります。

しかし、地主さんが設立した会社のように、他人ではない場合には、権利金を支払わないで利用するのが一般的です。この場合には、この受贈益課税を避けるために「土地の無償返還に関する届出書」（略称「無償返還届出書」）を税務署に提出します。

届出書を出し忘れている場合は時効も

土地の無償返還に関する届出書を出さないで土地を利用している場合には、時効（7年間）成立までは、会社に対して受贈益の課税が行われることになります。しかし、税務署から課税される前であれば、事後的な提出でも認められ受贈益を認定して課税することは行われていな

10年以上前の建築。無償返還届出書を出し忘れた

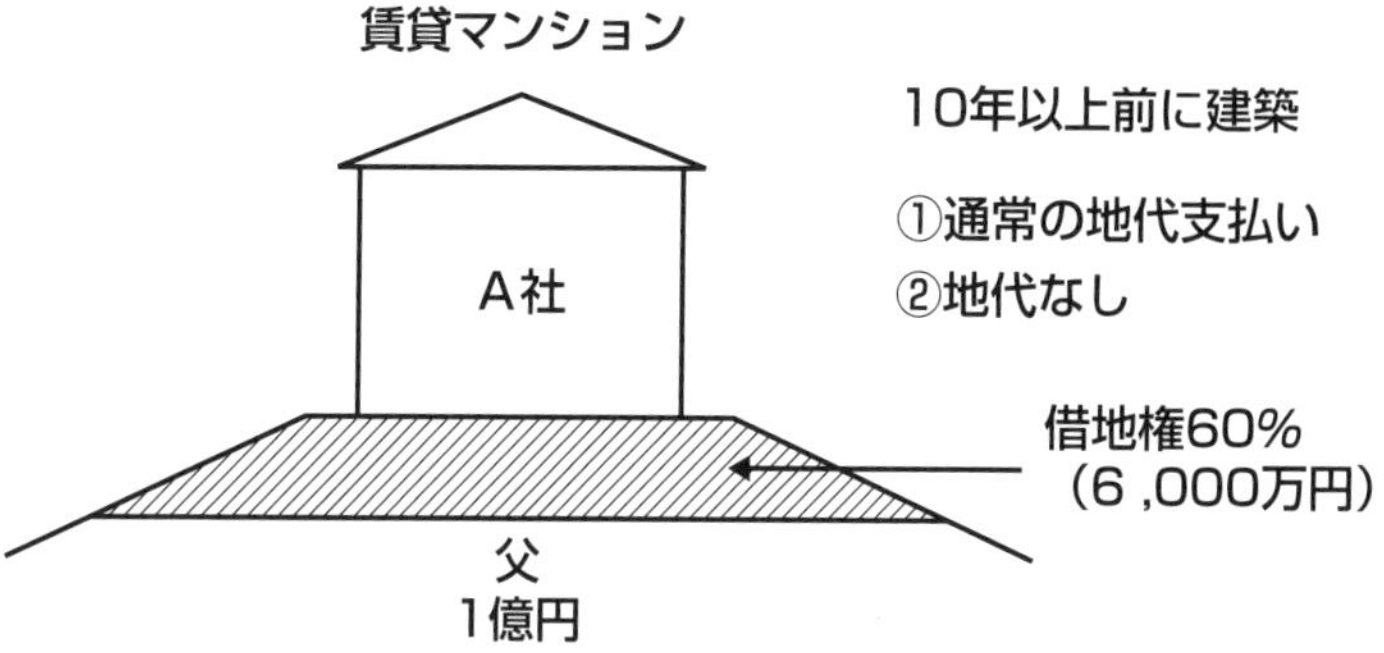

父の土地の評価額は1億円×（1－60%）＝4,000万円

いのが現状です。

土地の無償返還に関する届出書を提出しないケースで時効が成立してしまった場合は、地主の相続にあたっては、上記事例では更地1億円での土地の評価額は法人に移転した借地権60％（6000万円）を差し引いた底地の価額4000万円で評価することになります。

「借地権の移転による受贈益を計上していないので、借地権は法人に移転していない」と考えて更地評価すると思われがちですが、本来課税されるべきであった受贈益課税がなされていない場合でも借地権は法人に移転しています。

したがって、地主の相続にあたってはその土地の評価額は借地権価額を差し引いた底地価額となります。

また通常の地代を支払っていたかどうかに関係なく借地権はあるものとして取り扱われます。

第9章

収益を上げるための「不動産投資編」

賃貸住宅経営は、相続対策に有効だといわれる一方で、不安を持たれる方も少なくありません。賃貸経営に関して、多くの方が心配をされる収益面について、具体的なアドバイスをまとめました。

82

「表面利回り」「実質利回り」とはどのようなものですか。

実質利回りは毎年の経費も計算に入れている

「表面利回り」は、家賃などの収入を建物の建築費で割ったもので、算式は〔表面利回り＝1年間の家賃収入÷建築費〕となります。もちろん収入の大半は家賃ですが、空室があればその分の控除が必要で、平均的な空室率としては5％ほどが考えられます。さらに、物件が古くなれば家賃も下がることが考えられ、10年、20年という長期の利回りはもっと下がると考えてください。

次に「実質利回り」は、収入から固定資産税、

管理費、修繕費、火災保険料など毎年かかる経費を差し引いた手取収入を建築費で割ったものであり、算式は〔実質利回り＝1年間の手取収入÷建築費〕で計算します。収入を得るのに必要な経費を控除しますが、ローン返済は控除しません。ローン返済前の手取りを計算するメリットは、（イ）他の投資手段と比較しやすく、（ロ）借入を行う場合の金利は何％まで手取収入で吸収できるかという関係が確認できるからです。

表面利回りと実質利回り

ケース
- 建築費……8,000万円
- アパート10室
- 家賃……1室7万1,000円
- 空室率……5%

①表面利回り

月額家賃×貸室数×（1－空室率）×12カ月÷建築費
7.1万円×10室×（1－0.05）×12カ月÷8,000万円
＝10.1%

②実質利回り

（収入－経費）÷建築費

◆年間経費の内訳◆

固定資産税・都市計画税	75万円
管理委託料	42万円
修繕費	50万円
火災保険	7万円
合計	**174万円**

（809万円－174万円）÷8,000万円＝7.9%

※一般的に、アパート建築の表面利回りは10%以上が望ましいとされています。

83

賃貸経営における借入金と自己資金との最適なバランスは?

利益額を推し量るための投資収益率を知ろう

「土地活用はしたいが、借金をするのはリスクが大きくて不安だ」

最近こんな声をよく耳にします。

そこで、少し難しいのですが、アメリカなどでの投資に利用されている、「投資収益率」の考え方をご紹介したいと思います。

投資収益率は、〔税引後収益÷自己資金〕で計算します。投資収益率が高いほうが有利となります。

たとえば、投資金額1000万円で投資利回り10%で稼働している収益不動産があるとします。次ページのケース①は自己資金で1000万円を投資して運用した場合、ケース②は自己資金200万円、借入金800万円を利用した場合です。

表を見てもらうとわかるように、ケース①は投資金額1000万円に対して税引後収益80万円なので、投資収益率は8%です。一方のケース②は自己資金200万円に対して税引後収益48万円となり、投資収益率は24%ということになります。

つまり、800万円を借り入れた②のほうが、

投資収益率で考える

(ケース①) 1,000万円の自己資金を投資した場合

総投資金額	1,000万円
自己資金	1,000万円
投資利回り(収入／総投資金額)	10%
課税される税率	20%
収益 (投資額×利回り)	100万円
支払金利	——
税引前収益	100万円
税金	20万円
税引後収益(手取り)	80万円
投資収益率(80万円／1,000万円)	8%

(ケース②) 200万円の自己資金、800万円の借入金の場合

総投資金額	1,000万円
借入金	800万円
自己資金	200万円
投資利回り(収入／総投資金額)	10%
課税される税率	20%
収益(投資額×利回り)	100万円
支払金利(800万円×5%)	40万円
税引前収益	60万円
税金	12万円
税引後収益(手取り)	48万円
投資収益率(48万円／200万円)	24%

効率のよいやり方なのです。なぜそういうことになるかというと、投資利回り（10％）が借入金の金利（5％）をこのケースでは上回っているからです。この場合は、借入することで、利益の差額5％（10％－5％）だけ得をすることができます。これをレバレッジ効果といいます。レバレッジとは「テコの作用」の意味です。テコを使えば小さな力で大きな効果が得られるように、借入金を利用すれば、小さな資金で大きな成果が得られるというわけです。

しかし、税引後の収益（手取り）を比較すると、①80万円が②48万円になり、借入金が増えれば手取金額は減少するので、金利が上昇した時のリスク、家賃が下がった時のリスクには弱くなります。したがって、土地活用のリスクを緩和したい場合には、自己資金の比率を高めるとよいでしょう。

自己資金50％だと安全性は高い

大切なことは、むやみに借入を怖がるのではなく、自分にとって最適な「自己資金と借入金のバランス」を見つけることです。理論上の「適正借入比率」というものはありません。自分でいくつかのシミュレーションを行い適正な借入比率を探してください。

安全性を考えれば、自己資金は20％以上は必要とされています。さらに自己資金が50％あれば、家賃が半額になったり、金利が倍になったりした場合にも安全性が高いとされています。賃貸経営は長期的に収益の変動が少ないため、金利の上昇など、将来のリスクを見越したうえで、借入金を上手に利用することを考えましょう。

とにかく利回りに注目しよう

また、借入金の繰り上げ返済を考える場合にも、自宅であれば、少しでも早く返済してすっきりしたい、毎月の返済額を減らしたいなどと、あまり悩まないのですが、これが賃貸アパートやマンションになると途端に迷われる方が多くなるようです。

よく聞かれることは、「アパートを建てるための借入金は経費になる。その借入金を返済してしまったら経費が減ってしまい、増税になるのではないか」、また、「繰り上げ返済する場合には手数料もかかると聞いている。したがって、私は繰り上げ返済しない」といったことです。一方で、「たしかに経費が減って増税になるが返済額の減少ほどには増税にならない。したがって、繰り上げ返済する」という人もいます。

では、どちらの考えが正しいでしょうか。結論からいえば、借入金は早く返済したほうが有利です。つまり、先の例では自己資金でも利回りが8％出ているわけなので、繰り上げ返済すべきです。返済しない現金は定期預金で利率は0・01％などで、利回りは期待できません。一方、借入金をすれば金利が低いといっても0・5～1％は掛かるわけですから、借入をするメリットはありません。また、不動産は8％の利回りがあるわけで、定期預金の利息0・01％より有利です。

また、税金の関係を考えても、返済額の減少より、増税が少ないことになります。これは、所得税の税率が高くとも50％なので、繰り上げ返済が有利です。

84

不動産投資をする際のポイントはどこですか。

不動産投資は長期的視野で

いざ不動産投資をしようと思っても、何を購入すればいいのか悩む人は多いのではないでしょうか。不動産投資は、一棟マンション、タワーマンション、ワンルーム等の中古マンション、コンテナなど多岐にわたります。ここでは、「一棟マンション」と「ワンルーム等の中古マンション」を例にとって、不動産投資をする際のポイントを説明していきます。

① 収益力

不動産投資を行うには、収益力が重要です。収益力は、利回りで計るので、年間でいくらの利回りを上げられるのか、事前に業者に確認をしましょう。一般的にマンションを建築する場合の表面利回りは10%以上が望ましいとされています。しかし、相場は、5%の利回りがやっとですから、判断が難しいです。

また、最近は少額で投資できるワンルーム等の中古マンションを購入される方も多く見受けられます。不動産投資で収益を上げるためには、表面利回りは3~5%程度は必要とされています。

② 将来性

不動産投資は、長期保有を目的で行う投資と

一棟マンションとワンルーム等の中古マンションとの比較表

	一棟マンション	ワンルーム等の中古マンション
投資金額	多額になる	少額で可能
収益力	物件による	物件による
将来性	立地による	立地による
メンテナンス料	多額	少額
換金性・流通性	低い	比較的高い

なるので、購入した後の不動産の価値を維持していくことは大変重要です。不動産の価値を維持するためには定期的なメンテナンスも必要ですが、投資不動産が所在する地域の価値が下落しないか、または今後発展する地域、再開発が行われる地域など、今後価値が上昇するのか、将来性を見きわめることも必要になります。

③ 換金性・流通性

投資用不動産を購入後、相続税の納税資金などで売却することはめずらしいことではありません。そこで、いざという時にすぐ売却できるよう、換金性も考慮しておくと安心でしょう。

換金性とは、「買い手がつきやすい不動産を購入する」ということです。そういう観点から考えると、ワンルーム等の中古マンションのほうが流動性は高いので、一棟マンションに比べ換金性は高いといえるでしょう。

85

借入金の利息について教えてください。

元利均等返済方式と元金均等返済方式

賃貸経営では、「家賃が下がり手取収入が減少しているのに、所得が増えて税金が高くなる」というケースがよく見られます。

主な原因のひとつは、借入金の返済額は同じでも経費になる利息が減少しているからです。借入金の返済方法には、「元利均等返済方式」と「元金均等返済方式」とがありますが、通常は元利均等返済方式が選択されています。次ページをご覧ください。元利均等返済方式は、元金と利息の合計額について、毎月同じ金額で均等に返済する方式です。毎月の返済額は変わらないのに、利息は毎月減少しているので、経費が減少して、所得が増えるのです。一方、元金均等返済方式は、毎月の元金返済額は同額ですが、元金の返済によって借入金の残高が減少し、それに伴って利息も減少して、返済額も減少します。ですから、元金均等返済方式の場合には、返済額が徐々に減少して手取収入が増加するので、資金繰りは元利均等返済方式よりも余裕が出てきます。

今は、低金利時代です。元金均等返済方式の返済をぜひ検討してください。

元利均等方式と元金均等方式

元利均等返済方式

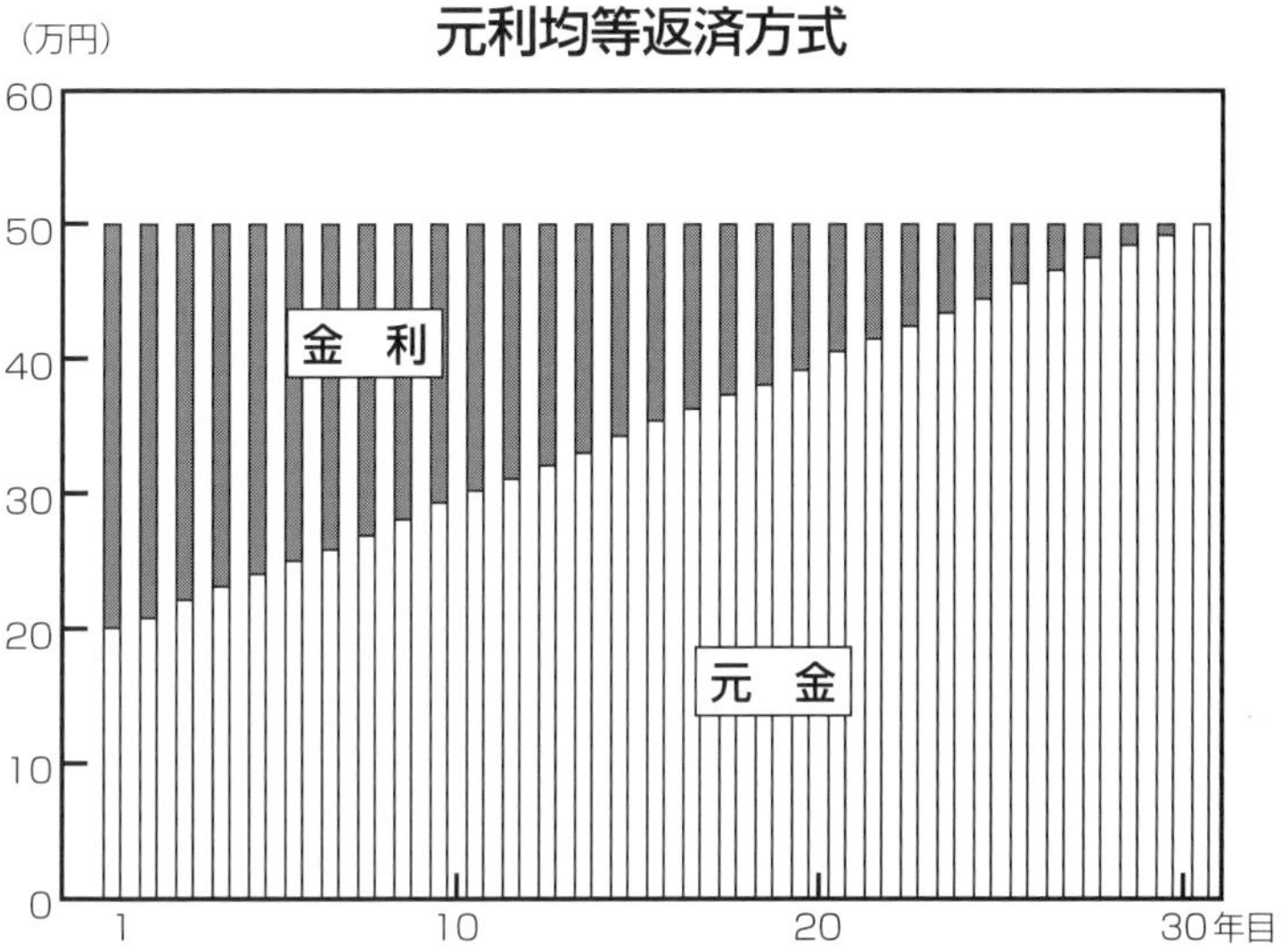

元金均等返済方式

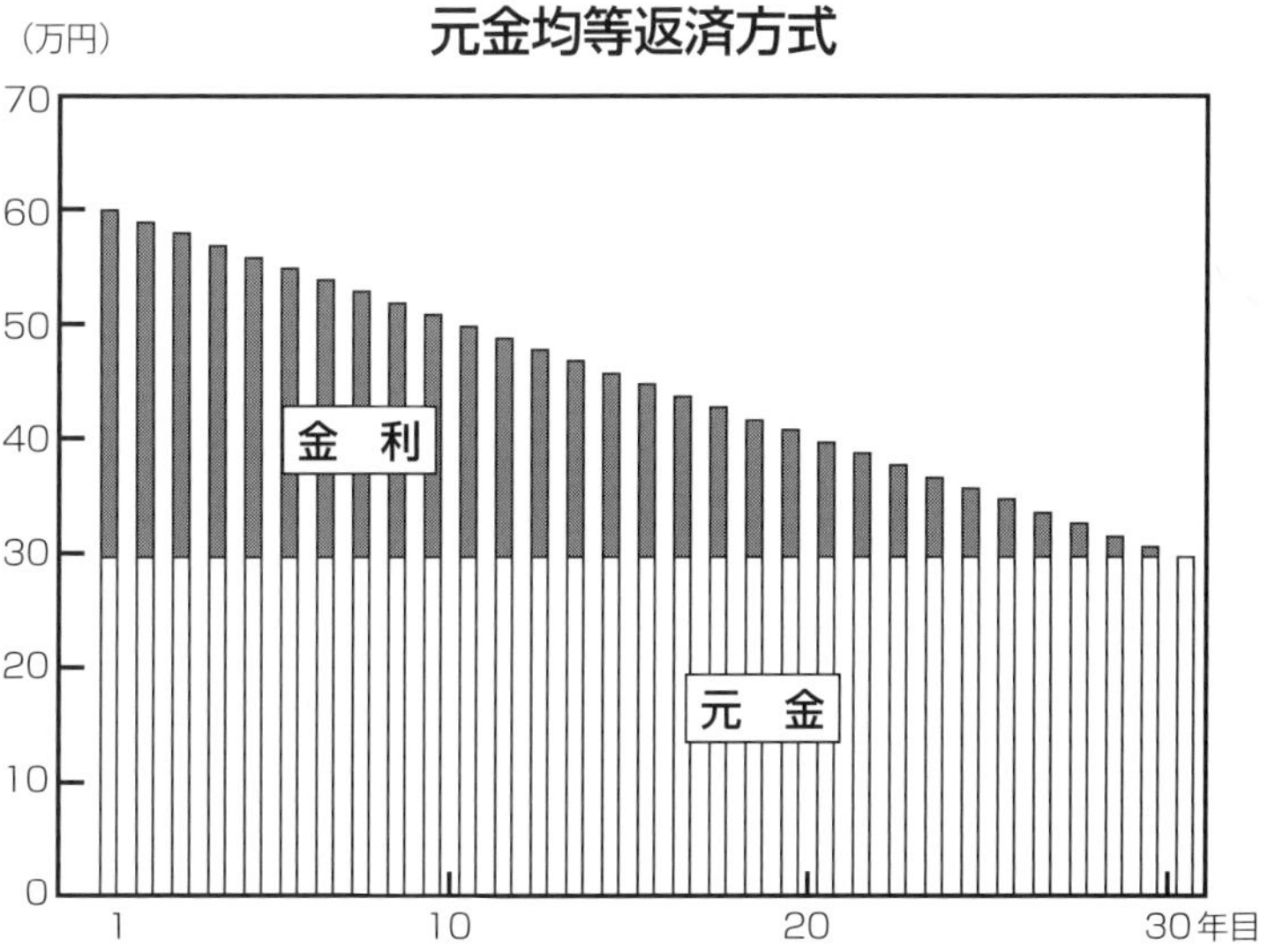

86 なぜマンション経営は15年目が危機なのですか。

修繕費が増える一方で入居率が下がる

賃貸経営は預貯金とは違い多少リスクのある運用法ですが、土地を運用すれば毎月、賃貸収入が入ってきます。「お金持ちになるには、月々の支出を上回る不動産所得を手に入れることが大切」といわれてアパート・マンション経営を始めた人で、15年を経過する頃から資金繰りに苦しむ人がいます。

この原因はまず、この頃には外壁塗装工事や風呂釜の交換などの修繕で、多額な支出が発生するからです。しかも、15年もたつと模様替えも必要となりますので、部屋のフローリングの床を張り替えたり、キッチンなどの設備の交換をしたりすることになります。これらは、税務上は「資本的支出」になり、支出した年度に全額が経費とはなりません。お金は出ていくのに所得は減らないことになってしまいます。

また前項でも述べたように、借入は元利均等返済方式です。毎年の借入金の返済額は変わらないのに、利息の減少で所得税・住民税が増加して手取収入は減少しています。さらに建物は30年とか47年とかの長期で減価償却をしますが16年目には設備の減価償却も終わり、所得税・住民税がますます増え、手取りが急激に減少します。

一方、建物も古くなるため、この時期から修繕の支出が増えるわりには入居率も悪くなっていきます。さらに、新築物件の家賃に比べて割高感が出ることから、家賃の引き下げも続くことでしょう。

建物が老朽化する前に借入金を減らしておく

現在15年目を迎えているような建築物件を見ると、自己資金が少なく借入金が多い建築がしばしばみられます。このような借入金をして返済していたら、まだ借入金は多く残っています。

アパート・マンション経営は、建物が新しいうちは、入居も安定し家賃も安定しますが、古くなるとそうはいきません。ですから、建物が新しく収入も安定しているうちに、余裕資金で繰り上げ返済をしておくことです。

特に15年目の危機を乗り越えるためには、借入をした当初5年間は余裕資金があるので、元金を積極的に繰り上げ返済していくことが大切だとされています。

土地も購入する場合

以上は、土地をすでに持っている地主さんがマンションを建築した時の話ですが、もし土地を購入してマンションを建築するなどであれば、土地部分が減価償却できないので、さらに資金繰りは悪化します。

土地部分へは他の土地を売却するなどで自己資金を投入するか、利回りが土地部分を考えて十分な利益が得られることが必要です。

資金繰りの悪化は、5年から15年後等、すぐにはこないので慎重な判断が求められます。

87

業者が出す収支計画書はどのように見たらよいでしょうか。

記載された利回りが妥当かチェック

地主のみなさんは、不動産業者が訪問してきて不動産活用のための収支計画書を見せられたことがあるのではないでしょうか。

30年という長期の計画だと何となく立派に見えてしまい、計画書に書かれていることがそのまま現実になると思いがちです。しかし、収支計画書は仮の数字であり、業者が決めた約束ごとによって計算されたもので、実際の収入・支出がその通りになる保証はありません。

その計画書が妥当なものかどうかをチェックするために、次のような点に着目しましょう。

①まず金額だけで記載されている収支計画書が多いので、表面利回り（1年間の収入÷建築費総額）が10％を上回っているかを確認してください。10％はアパート・マンションを建築する時の一つの基準であり、この利回りを下回っている場合には、立地条件がアパート・マンションの適地としては不適格の可能性があります。また、建築価額が高いことも考えられます。2階建ての軽量鉄骨や木造住宅が妥当な地域なのに、業者の都合で5階建ての鉄筋や鉄骨の建物が提案されている場合もあります。

②次に実質利回り（1年間の手取収入÷建築費総額）についても計算してみてください。現状でのローンの金利は1~2%ですが、今後は金利の上昇も考えられるので、実質利回りが5%以上はほしいところです。

修繕費などの支出も確認の必要がある

③主な収入となる家賃も、最初の2年間は計画通りに入金されますが、契約の更新時には家賃が引き下げられたり、空き室ができたりして計画通りの収入にならないことが多々あります。これを踏まえず、収入を多めに記載される傾向があります。

④また支出では、修繕費の見積もりが少ないことにもよく驚かされます。建築費の1%以下や家賃収入の6%以下の修繕費を見積もっていた場合などで、理由を確認すると、退室と同時に入居が決まれば礼金や更新料が入ってくるので通常の修繕費はまかなえるといわれることがあります。しかし最近は、礼金・更新料0円という契約形態が広がってきたり、修繕費についても民法が改正され、通常の損耗や経年変化については入居者は負担しないとなったので従来のように入居者に修繕費を負担させにくくなっています。このような安易な計画を信じるのは危険です。

また、建物は10年から15年を経過すると外壁塗装、防水加工などの大規模修繕が発生し、金額も500万円以上の多額な費用がかかる場合があります。さらに、クーラー、風呂釜などの取り替えも必要となるので、その見積もりも必要です。ですから、少なく見積もっても建築費の1~2%以上の修繕費の積み立てを支出と考えるべきです。

88

家賃保証という制度について教えてください。

途中で家賃引き下げを求められる例が多い

マンションを建築した際に入居者の募集はどうするのか。マンションの管理をどこの業者に頼めばよいのか。地主さんの悩みは尽きません。家賃保証という制度は、このような悩みを解決してくれ、万一、入居者が見つからなくても家賃を保証してくれるシステムです。これは、「一括借上方式」ともいわれるものです。

業者がマンションを借り上げてくれ、オーナーには決まった家賃収入が毎月、保証されます。もちろん手数料はかかりますが、入居者が見つからなくても安定収入が確保されるのは大きなメリットといえます。入居者の募集から集金、クレーム処理まで、オーナーがやるべき業務をすべて代行してくれるので、手間がかからないシステムです。

いいことずくめのようですが問題もあります。

家賃保証の契約はたとえば10年間は当初の家賃を保証するなどの契約が多いようですが、10年が経過した時に家賃の引き下げを求められることが多々あります。建物を建築した時には、約束した家賃が20年、30年と続くものと思いがちですが、そうではありません。

空室率が上がって契約解除されたケースも

10年間の家賃保証の場合、マンションの入居状況が悪く空き室が多かったために、10年経過した時に家賃保証契約を解除され、入居者の募集から家賃の集金まで結局自分で行うはめになってしまったオーナーもいます。

家賃保証を受ける会社は、アパートの建築も請け負うことで高い利益を手に入れられることができます。少し言い過ぎかもしれませんが、アパート経営に適さない立地であっても、とにかくアパートを建築させ、利益を上げるための手段としている会社もあるようです。

あるオーナーの場合は、人気のない郊外にマンションを建築したので、20年たったら契約の更新を拒絶されました。この人の場合はそれだけでなくローンの期間が30年であったために、借入金の返済がまだ残っていて、借入金の返済に苦しんだと聞いています。

少し話は変わりますが、一括借上だから定額の家賃が振り込まれると思っていたのに、入退去の修繕費がオーナー持ちで、毎月の収入が定額ではなく少なかったと驚かれる人も多いようです。

ですから、家賃保証、一括借上という甘い言葉にだまされず、マンションを建てても空き室を少なくおさえられる立地条件（駅から10分以上離れている場合は注意が必要です）か、自分の責任で判断すべきです。賃貸物件が空き室だらけだったら儲からないわけなので、営利企業である相手もそのような損な家賃保証を続けるはずがないのです。

第10章

手続きがわかる「確定申告編」

賃貸経営を始めると、年間を通して帳簿をつけ、確定申告を行うといった流れで、事業は進んでいきます。その過程では、設備を買い替えたり、建物の修繕をしたりすることもあると思います。アパート・マンション経営の基礎的な知識をまとめました。

89

アパート経営を始めました。

確定申告のポイントを教えてください。

税務にはルールがある

税金の申告とひと口にいっても、当然のことですが一定のルールがあります。申告の内容も、申告を受ける税務署と申告をする側の立場とで考え方が違うことは少なくないので、その違いをきちんと理解することがポイントになります。

一例として、家賃などの計上基準について説明しておきましょう。

たとえば、家賃の集金を管理会社ではなくオーナーさん自身が行っている場合、もし入居者が

前年12月に当年1月分の家賃を滞納しても、前年の12月の収入として計上して、税金だけ先に支払わないといけません。これは家賃などの計上基準は、現金収入ではなく、権利確定主義という考え方がとられているからです。1月の家賃は、契約により前年の12月に受け取る権利が確定しているので、現金の収入がないのに前年の収入として申告することになるのです。

このような申告にあたっての主なポイントについて、次ページの表にまとめました。

確定申告の際のチェックポイント

	項　目	チェックポイント
収入	家賃収入	□未収家賃や滞納家賃も収入として計上したか。 **➡滞納分が取れなくなった時に貸倒損失となる。**
	礼金・更新料	□礼金・更新料の計上漏れはないか。 **➡入替時や更新を契約書でチェック。** □敷金で返さなかった金額を収入として計上したか。 **➡修繕でかかった費用は修繕費とし、相殺しない。**
	共益費、雑費	□共益費や雑費も収入として計上したか。 **➡電気、水道代など実際にかかった費用は経費に。**
経費	租税公課	□自宅や更地などの固定資産税を経費としていないか。 **➡固定資産税の名寄せ台帳などをチェックし、アパート用地など事業用の敷地であることを確認。**
	損害保険料	□積立て部分は経費とはならない。 **➡農協の建更や損保会社の積立て部分をチェック。**
	修繕費	□修繕費とならないものが経費となっていないか。 **➡資本的支出と修繕費の区分はOKか。**
	減価償却費	□定率法が適用できない建物（平成10年4月1日から定額法のみ）、建物附属設備、構築物（平成28年4月1日から定額法のみ）に定率法を適用していないか。 **➡減価償却資産の耐用年数に誤りはないか。**
	借入金利子	□自己使用の分が経費となっていないか。 **➡建物の建築費と借入金が見合っているか。**
	専従者給与	□事業の規模に比べて専従者給与が過大ではないか。 **➡300万円ぐらいまでが限界のよう。** □実際に夫の口座から妻の口座へ給与を振り替えているか。 **➡支給していない給与は経費と認められない。**
	青色申告特別控除額	□簡易帳簿は**10万円**控除。 **➡正規の簿記の記帳であれば、55万円の控除。** **➡「上記の要件＋電子申告」をした場合は、65万円の控除。**

90

アパート経営を始めました。

青色申告をすると特典があると聞いたのですが。

不動産所有者ならぜひ利用したい

青色申告を利用すると、次の特典があります。

①青色申告特別控除が受けられる
②青色事業専従者給与を必要経費にできる
③純損失の繰越控除が3年間できる
④損失繰戻しによる還付が前年1年間できる
⑤小規模事業者が現金主義を選択できる

青色申告には記帳義務があるので白色申告に比べて手間がかかるといわれていますが、不動産所得の場合は他の事業のように毎日記帳するわけではないので、他の事業に比べれば簡単で

す。また、青色申告特別控除の10万円を受けるだけであれば簡易な帳簿でもＯＫです。

青色申告の特典について確認しておきます。

① 青色申告特別控除……不動産所得は収入から経費を差し引いて計算しますが、青色申告特別控除としてさらに次の金額を差し引くことができます。

(イ) 不動産の貸付が事業的規模である場合は55万円（電子申告又は電子帳簿保存の場合には、65万円）の特別控除を受けることができます。その際には帳簿を複式簿記の原則で記

帳しておかなければならず、確定申告書を提出期限までに提出して、貸借対照表を添付する必要があります。

（ロ）（イ）の条件に該当しない場合でも10万円の控除を受けることが可能です。

② **青色事業専従者給与**……この特典を受けるためには「青色事業専従者給与に関する届出書」を提出する必要があります。

③ **純損失の繰越控除**……不動産事業が赤字になった場合には損失を翌年以降3年繰り越し、翌年以降の所得から差し引くことができ、所得税の節税策として活用することができます。

④ **損失の繰戻し還付**……③と同じように所得税の節税策として、前年の所得から今年の赤字を差し引き、前年分の所得税を還付してもらうことが可能です。

⑤ **小規模事業者の現金主義の選択**……前々年の不動産所得と事業所得の合計額が300万円以下の青色申告者は、所得計算を現金主義によって行うことができ、実務上の煩雑さを軽減できます。

アパマンなら10室以上、貸家なら5棟以上

「青色申告特別控除」と「青色事業専従者給与」を受けるためには、アパートが「事業的規模である」ことが条件で、①アパートやマンションなどについて独立した部屋数が10室以上、②一戸建貸家の場合には5棟以上必要です。

91

アパート経営を始めました。

管理をしている妻に給料を払いたいのですが。

アパートの規模が事業的規模であること

不動産の貸付が事業的規模になっている場合、もっぱら事業に従事していて生計を同じくしている妻などの親族（15歳以上）に支払う給与については必要経費として扱うことが可能です。またあなたがサラリーマンの場合には、ケースによっては不利になる場合もあるので注意してください。

専従者給与を支払うには、アパートが事業的規模でなければいけません。事業的規模の条件は、①アパートやマンションなどについては部屋数が10室以上、②一戸建貸家の場合には5棟以上あるという「5棟10室基準」が基本です。

次に節税という観点からいうと、不動産所得について青色申告の届出を提出するとよいでしょう。これを提出しないと、白色申告となり、奥さんへの給料は最高86万円までしか認められず、不動産所得が赤字の場合には給料も0となります。

次に、税務上、奥さんの給料を経費とするためには、「青色事業専従者給与に関する届出書」を提出し、奥さんの給料の金額や仕事の内容を届けることになっています。なお、これらの届出書は、事業開始後2カ月以内、または、選択しようとする年の3月15日までが提出期限です。

扶養手当の支給がストップする

配偶者控除は妻がパートなどで年間150万円以上の所得があると受けられなくなりますが、青色事業専従者給与は1円でも支払った場合、配偶者控除は受けられなくなります。また、奥さんの給料が130万円を超えると社会保険の扶養家族から奥さんが外されてしまいます。

もしあなたが会社員なら、ほとんどの会社の扶養手当は、配偶者控除を受けられることが条件になっているはずなので、扶養手当の支給をストップされてしまうでしょう。

そこで、130万円以内で社会保険の扶養家族となり、会社の扶養手当がもらえる範囲内が、給与の一つの目安となるでしょう。また、扶養家族の問題がなければ150万円を超えてもよいのですが、専業者給与は年間300万円程度が限度とされています。

専従者給与を支払って、扶養手当の支給がストップするようなケースでは、かなりの金額の専従者給与を支払わないと節税のメリットがなくなります。専従者給与の支払いは税務以外の要素があるので、慎重に検討すべきでしょう。

会社を設立する

青色専従者給与の支払いは、複雑なので会社を設立して、アパートを会社名義にする人も最近は多くなりました。

特にこれから財産づくりを考えている人にとっては、会社のほうが所得税も相続税も安いので検討する価値があります（第8章「管理会社設立編」を参照）。

92 不動産所得の必要経費を教えてください。

修繕費や借入金利息、減価償却費

不動産所得の必要経費となるかどうかは、収入を得るために必要な費用であったかどうかで判断します。たとえば自動車のガソリン代などの維持費が経費にならないかとの質問を受けますが、自宅の隣が賃貸マンションであれば、自動車は必要ありませんので、必要経費にはなりません。主な必要経費の科目を示すと次ページの表のようになります。

少し細かな話になりますが、収入を得るために必要な支出であっても経費にならない項目があります。たとえば、①建物を建築する時に借り入れた借入金でも、返済金額のうち元金部分は経費になりません。②火災保険料のうち積立金部分、③修繕した金額で資本的支出（次項・236ページを参照）として資産計上すべき金額などです。

反対に、現金支出がなくても必要経費となるものについては、建物や設備の減価償却費がそれに当てはまるでしょう。現金としての支出はありませんが、経費として扱うことができます。

主な必要経費の項目

租税公課	固定資産税、都市計画税、事業税、登記料、印紙代などの税金です。なお、所得税や住民税は経費にはなりません。 ➡固定資産税は、課税通知書・名寄せ台帳から賃貸マンションや駐車場など家賃や駐車料などの収入を上げている場所を経費として計上します。
損害保険料	建物の火災保険料・地震保険料です。火災保険料は建物を建てた時に、ローンの期間などに応じて、10年や20年間前払いしています。 ➡前払いしている保険料のうち経費になるのは毎年1年間分だけです。
修繕費	アパートの修繕のための費用。たとえば、①畳の表替えやクロスや絨毯の張り替え、②床・階段などの壊れた部分の修理、③壁・屋根の塗り替え費用。
減価償却費	建物、建物附属設備で業者に支払った建築費などが取得価額となります。このうち当年に対応する減価償却部分を計算します。木造の建物の耐用年数は22年(償却率0.046)。3階建・重量鉄骨の建物の耐用年数は34年(償却率0.030)です。
借入金利息	アパート建築で借り入れた借入金の利息です。ローン返済表に記載されている利息分が経費です。元金返済部分は経費にはなりません。
管理費	不動産会社に支払う斡旋料、手数料、水道代、電気代などです。
その他の経費	文具代などの事務用品費、アパートのために使った電話代、不動産屋へのお土産代などの交際費。
青色事業専従者給与	生計を一にする配偶者や子どもなどの親族(15歳以上)で青色事業専従者給与の届け出をした者の給与。

93

修繕費と資本的支出との区分について教えてください。

修繕費は1回の支出が20万円未満

実際の修繕の支出が、一時の経費である修繕費にできない場合があります。資本的支出として固定資産に計上する場合です。どのように処理するかによって納税額も違ってくるので、注意が必要です。

まず、1回の修繕の支出が20万円未満であれば修繕費として認められるでしょう。そして通常の維持管理のために支出する補修費用は修繕費として、一時の費用として処理することが認められます。この2つが大原則になります。

またこの原則に外れていたとしても、周期がだいたい3年以内である場合には、1回の支出が20万円以上であっても、修繕費として処理できます。入れ替え時の①クロスや壁紙の張り替え・クリーニング、②床・階段などの壊れた部分の修理などは修繕費になります。

金額が多額になった場合でも、次のものは資本的支出と修繕費を区別しないで、その全額を修繕費で処理することが認められています。

①家屋または壁の塗り替え
②家屋の床の壊れた部分の取り替え
③家屋の畳の表替え

④壊れた瓦の取り替え
⑤壊れたガラスの取り替えまたは障子、襖の張り替え

したがって、「金額が多額であっても、塗装が従前のものと同程度に再塗装した」ものであれば、修繕費として扱うことが可能です。

修繕費として計上できるよう意識しよう

技術とは進歩するものなので、前回と同程度というのはなかなか判断しづらいかもしれません。あまり神経質になる必要はないと思いますが、材質がグレードアップして前回の材質が使えないなど、資本的支出であるか修繕費であるか迷う場合には、次の規定で修繕費と判断することも認められています。

①その金額が60万円未満の場合
②その金額が前年末における固定資産の取得価額の10％以下の場合

利益が多額に出てしまった時などは経費が多いほうが節税となるのが基本です。資本的支出として計上するのではなく、修繕費として計上できないかというところをなるべく意識して、不動産の維持保全に努めましょう。

なお、資本的支出になると支出した年の必要経費とはならず、減価償却資産として、その建物や建物附属設備の法定耐用年数の期間にわたって、毎年減価償却費を計上することになります。つまり、一度の経費とならないが長期間では経費になりますので毎年の所得の平準化にはなります。

94

アパート経営をしています。

エアコンなどを買い替えた場合の取り扱いを教えてください。

白色申告では10万円未満なら経費扱い

アパートにはエアコンや風呂釜などの減価償却資産が備え付けられています。このようなエアコンや風呂釜を買い替える際、計上のしかたによって納税額に違いが出てきます。少額な減価償却資産の税務上の取り扱いについては、白色申告の場合と青色申告の場合で異なるので、個別に見てみましょう。

まずは白色申告の場合から考えていきます。

減価償却資産は耐用年数の期間にわたって費用化されるものですが、白色申告において使用期間が1年未満か取得価額が10万円未満の減価償却資産については、支出時の経費となり資産としては計上しません。さらに20万円未満の減価償却資産については、たとえばエアコンであれば法定耐用年数は6年ですが、3年間にわたって均等に償却することができます。

たとえば、18万円のエアコンを101号室に取り付けた場合には、18万円÷3年＝6万円を3年間経費で処理できます。この処理方法を採用した場合には、途中でエアコンを除却するなどしても除却損を計上できず、当初の3年間で6万円を均等償却することが義務付けられています。

青色申告では30万円未満が経費扱い

次に青色申告についても考えてみましょう。青色申告者も白色申告と同じ処理方法を採用できますが、さらに30万円未満の減価償却資産について経費として処理することが可能です。ただし、年間の少額減価償却資産の合計額は300万円までという制限があります。

このような支払いが30万円未満であるかどうかという判断については、利用状況に応じて行います。仮に101号室でエアコン16万円、風呂釜の交換20万円を支出して、201室で洗濯機18万円とエアコン16万円を支出した場合、エアコン1台でいくら支出したか、風呂釜でいくら支出したかが問題になります。部屋ごとの合計（101号室、エアコン16万円＋風呂釜20万円＝36万円）やエアコンなどの物ごとの合計（エアコン16万円＋16万円＝32万円）ではありません。それぞれの個々の支出が30万円未満であったか否かです。このケースでは、個々で判断するとすべて30万円未満なので、経費として処理できます。また、年間の合計額も300万円未満の70万円にすぎないので、その点でも基準をクリアしています。

最後に、この特例を受けるための手続きについてですが、青色申告決算書の「減価償却費の計算」の欄に（1）適用した減価償却資産の取得価額の合計額（この場合では70万円）と記載し、（2）「措置法28条の2第1項を適用した」と適用欄に記載しなければいけません。

この償却方法を採用すると一時の費用として処理できますが、地方税である償却資産税では資産として取り扱われて課税対象になります。

95 減価償却とはどのような制度でしょうか。

定額法か定率法で費用化していく制度

減価償却制度とは、固定資産の取得価額を法令で定められた耐用期間に基づいて配分し、毎年費用化していく制度のことです。減価償却費の計算方法には定額法と定率法の2種類がありますが、それぞれの償却方法を説明します。

《定額法》

減価償却費＝取得価額×償却率

定額法は取得価額を耐用年数の期間にわたって均等に償却する方法で、毎年の償却費は同額となります。

たとえば、取得価額が5000万円で耐用年数が22年の木造建物であれば、償却率は0・046ですから減価償却費は次の通り230万円です。

5000万円（取得価額）×0・046（償却率）
＝230万円（減価償却費）

また平成19年の税制改正によって、次のような変更点があります。

・平成19年3月31日以前に取得した減価償却資産については、償却可能限度額（取得価額の

主な固定資産の耐用年数表（抜粋）

種類	構造・用途	耐用年数	定額法による償却費
建物（住宅用）	鉄筋コンクリート造	47年	0.022
	鉄鋼の肉厚　4ミリ超	34年	0.030
	〃　3ミリ超～4ミリ	27年	0.038
	〃　3ミリ以下	19年	0.053
	木造または合成樹脂造	22年	0.046
建物附属設備	給排水設備など	15年	0.067
	消火設備	8年	0.125
構築物	舗装路面		
	アスファルト路面	10年	0.100
	ビチューマルス敷	3年	0.334
器具設備	エアコン・洗濯機	6年	0.167

95％）が撤廃され、100％償却可能となりました。（備忘価額として1円を計上）

《定率法》

減価償却費＝未償却残高×償却率（定額法の償却率×2・0）

定率法は初期に償却費を多くし、年が経過するに従って償却費が逓減し、更に逓減後の償却費が一定の償却保証額に満たなくなると、その後の償却費の額が同額となるように、計算する方法です。

なお、建物は平成10年4月1日以後、建物附属設備及び構築物は平成28年4月1日以後に取得した償却方法は、定額法のみです。

定額法の償却率について、主な物件の償却率を示すと上の表のようになります。

96

アパートを新築しました。

建物の取壊費用や建物完成までの支出はどう取り扱いますか。

旧アパートの取壊費用は経費扱い

建物完成までにかかる費用は、その建物を建築するのに必要な支出ですが、建物の建築費と考えられる金額は建物の取得費に算入され、それ以外が必要経費になります。建物の建築に伴う費用は金額も多額で、支出の内容も多岐にわたりますので、処理の誤りが多いところなので注意してください。

建物の取壊費用などの支出が建物の取得費になるのか必要経費になるのか、という点はよく質問を受けるところです。

旧アパートを取り壊すために住宅メーカーに支払った取壊費用は全額が必要経費になります。しかし、自宅の取壊費用は、必要経費にも建物の取得費にもならず、不動産所得の計算上はなかったものとして取り扱われます。

次に、アパート新築のための地質調査、地盤強化、地盛り、防壁など工事費用のうち建物を建築するために行う工事は、建物または構築物の取得費になります。建物の建築のためでなく、土地の改良のためのものは、土地の取得費として扱われます。

詳しくは次ページの表を参照してください。

必要経費になるもの、ならないもの

立退料	旧アパートの入居者を立ち退かせるために支払った金額は、支払った年の必要経費になります。
取壊費用	旧アパートを取り壊すために解体業者さんなどに支払った金額は支払った年の必要経費になります。 しかし、自宅の取壊費用は、必要経費とはならず、不動産所得の計算上はなかったものとして取り扱われます。
除却損	旧アパートの未償却残高（取得価額－減価償却累計額）を損失として処理する場合には、（イ）事業的規模であるか、（ロ）事業的規模以下であるかによって取り扱いが違います。 事業的規模（アパートでは10室以上、貸家では5棟以上）の場合、その金額が必要経費となります。 事業的規模未満の場合、この損失を計上する前の所得金額を限度として必要経費になります。具体例は以下の通りです。 収入1,000万円、借入利子・減価償却費などの必要経費800万円、除却損250万円の場合 収　　入　1,000万円 必要経費　800万円 差し引き　200万円 除 却 損　200万円（250万円） 所得金額　0円 この場合、除却損250万円のうち200万円が必要経費となり、50万円は所得計算上なかったものとして取り扱われます。
地鎮祭、工事人への茶菓子代など	建物の建築費用として、建物の取得価額に算入されます。
アパートの完成前に支払った借入金の利子	アパートの経営を初めて開始した場合には、建物の取得価額に算入します。 アパート経営が2棟、3棟目の場合には、必要経費となります。ただし、建物の取得価額に算入することもできます。
登記料・抵当権設定料・不動産取得税	建物の表示登記、保存登記、抵当権設定料などの費用や不動産取得税は租税公課として必要経費になります。
地質調査・地盤強化・地盛り・防壁など	建物、構築物などの建築のために行うものは、建物または構築物の取得価額です。ただし、土地の改良のためのものは、土地の取得価額に算入されます。
借地の承諾料・更新料	アパートを建てる場合に地主へ支払う承諾料や、借地契約の更新に伴う更新料は必要経費にはなりません。原則として、借地権の取得価額となります。
公共下水道にかかわる受益者負担金	公共下水道を設置する場合の受益者負担金は、繰延資産になります（償却期間6年）。
水道負担金	建物の取得価額に算入されます。

97 不動産を売却した時の売却益・売却損の税務上の扱いは？

長期譲渡か短期譲渡かで税率が違う

不動産を売却した時の利益は、長い間持っていた長期譲渡か短い間しか持たなかった短期譲渡かで税率が違ってきます。また、売却して損をした時には、居住用を除き、他の所得から差し引くことができません。

不動産の売却益に対する税金は長期の場合で20・315％（所得税15％、復興特別所得税0・315％、住民税5％）、一方で短期の場合は39・63％（所得税30％、復興特別所得税0・63％、住民税9％）となります（次ページの表を参照）。

長期譲渡として扱われるのは、不動産の所有期間が5年を超えた場合であり、所有期間が5年以内の場合は短期譲渡として扱われます。ただし、ここでいう所有期間は、買った日から売却日の属する年の1月1日までの期間で判定します。

また、売却した不動産が居住用だった場合は、特例があり、居住用の3000万円控除後、さらに所有期間が10年を超えた場合に限り、6000万円まで14・21％（所得税10％、復興特別所得税0・21％、住民税4％）まで軽減され、6000万円を超えると20・315％（所得税

長期譲渡と短期譲渡の主な税率

居住用とそれ以外

所有期間 ＼ 譲渡所得の金額	長期		短期
	10年超（居住用のみの特例）	5年超	5年以下
6,000万円以下	14.21%	20.315%	39.63%
6,000万円超	20.315%		

※なお、税率は所得税と復興特別所得税、住民税の合算。

居住用の3,000万円の特別控除の適用を受けた後、6,000万円まで14.21%の軽課の税率が適用されるのは、家屋と土地がともに10年を超えているものという条件があります。

15％、復興特別所得税0・315％、住民税5％）となります。

優良住宅地の譲渡には特例がある

また他にも特例が設けられており、長期譲渡にあたる土地を優良住宅の造成、優良住宅の建築のために譲渡した場合には、軽減税率を利用することができます。この制度を利用すると、譲渡所得が2000万円以下について14・21％（所得税10％、復興特別所得税0・21％、住民税4％）、2000万円超について20・315％（所得税15％、復興特別所得税0・315％、住民税5％）という税率です。

よく、買った時の取得費が不明で申告する際にお客様から質問されることがありますが、買った金額がわからない時は売却価額の5％が取得費となります。

98

特定事業用資産の買換制度についてて教えてください。

郊外からの買換などで利用できる

駐車場やアパートを売却して事業用の資産を買い換える時に利用できる特例が知られています。特定事業用資産の買換特例を受けるか否かで税金が大きく違ってきます。

たとえば、千葉県に以前から駐車場として所有していた土地を1億円で売却して、この1億円で都内に土地を購入し、ここにアパートを建築したとします。通常なら売却価格1億円に対して2031万5000円の税金（所得税15%、復興特別所得税0・315%、住民税5%）が課税されるのですが、ここで特定事業用資産の買換の特例を適用すると、納税額を80%圧縮でき、406万3000円ですますことが可能です（次ページ①の表を参照）。

条件がいくつかありますが、図解すると次ページ②の表のようになります。

このような買換を行う目的は（イ）収益力のアップ、（ロ）相続税の節税、と考えてもらうとよいでしょう。貸地、駐車場、農地などの土地には収益力はほとんどなく、相続税には無防備そのものです。投資用不動産に買い換えれば、収益力のアップと相続税の節税ができます。

特定事業用資産買換制度で節税する

①ケース 千葉県で駐車場を1億円で売る

買換しない場合	1億円×20.315%＝2,031万5,000円（納税額）
買換した場合	1億円－1億円×80%＝2,000万円 2,000万円×20.315%＝406万3,000円(納税額)

②特定事業用資産の買換制度を利用するための要件

	譲渡資産	買換資産
1号	①既成市街地等内※1 にある事業所※2（工場、研究所、営業所、倉庫など、貸付用も含む）に使用されている建物または、その敷地の用に供されている土地等 ②譲渡の年の1月1日で所有期間が10年を超えるもの ③令和5年3月31日までの譲渡	既成市街地等以外の地域内にある ①土地等で市街地区域内の住宅地域、商業地域、工場地域等にあるもの（譲渡資産の5倍まで） ②建物、構築物または機械および装置 ③買換資産にはアパートなどの貸付用も含む）
7号	①国内にある土地等、建物または構築物の所有期間が10年を超えるもの ②すべての事業が対象 ③令和5年3月31日までの譲渡	①国内にある土地等※3（面積が300㎡以上)、建物、構築物または機械および装置 ②すべての事業が対象

※1　既成市街地等内とは…

A．首都圏では、東京都23区内全域、武蔵野市、三鷹市（一部を除く）、横浜市の鶴見区、西区、中区、南区など、川崎市の川崎区、中原区、幸区など、川口市（一部を除く）。

B．近畿圏では、大阪市の全域、京都市、守口市、東大阪市、神戸市、堺市の一部を除いた地域、尼崎市、西宮市、芦屋市の京阪神急行電鉄神戸本線以南の区域。

C．中京圏では、名古屋市の一部を除いた区域。

※2　事務所、店舗、居住用は対象外。

※3　駐車場だけへの買換は原則不可。

③圧縮割合の見直し（7号）

	圧縮割合
東京23区への買換	70%
首都圏近郊整備地帯（※）への買換	75%
上記以外すべて	80%

※　東京23区を除く首都圏既成市街地、首都圏近郊整備地帯、近畿圏既成都市区域、名古屋市内の一部

99 住宅ローン控除の基本的なポイントを教えてください。

税額控除は10年間合計で最大５００万円

個人が住宅ローンを利用して、住宅を購入したり、住宅を新築した場合には住宅借入金等特別控除（いわゆる住宅ローン控除）という制度を利用できます。

たとえば、ローンを組んで自宅を買い、入居が平成26年4月1日から令和3年12月31日までの間なら認定長期優良住宅に該当した場合には、10年間で合計５００万円が最大控除額です。一般の住宅・マンションでも、最大４００万円の税額控除を受けられます。

控除される金額は、一般の新築住宅と認定優良住宅で違いますが、表にまとめると次ページのようになります。なお、認定長期優良住宅とは、「長期優良住宅の普及の促進に関する法律」と「都市の低炭素化の促進に関する法律」で定める基準に沿っていることを自治体から認定された住宅のことをいいます。それら以外は一般住宅です。

消費税10％が適用される住宅等を取得して、令和元年10月1日から令和2年12月31日までに居住した場合については、拡充され、11年目から13年目まで期間が3年延長されました。

住宅ローン控除のしくみ

①一般の住宅の場合の住宅ローン控除

居住年	控除期間	住宅借入金の年末残高	控除率	最高控除額（10年間合計）
平成26年4月～令和3年12月	10年間	4,000万円	1.0%	1年間40万※（10年間400万円）

②認定長期優良住宅の場合の住宅ローン控除

居住年	控除期間	住宅借入金の年末残高	控除率	最高控除額（10年間合計）
平成26年4月～令和3年12月	10年間	5,000万円	1.0%	1年間50万円※（10年間500万円）

1．令和元年10月1日から令和2年12月31日までに居住の用に供した場合

11年後の追加控除（取得時の消費税率が10%であるものについては11年目、12年目、13年目）は、（イ）（ロ）のうちいずれか少ない金額

（イ）住宅借入金等の年末残高（上記の表で計算した金額が限度）×1%

（ロ）住宅の取得価額（消費税抜き）×2%÷3

2．適用を受ける条件：

①新築住宅、既存住宅、または増改築工事で所定の要件を満たしていること

②住宅家屋を取得するために住宅ローンを利用して、所定の要件を満たした借入金であること

③所得金額が3,000万円以下であること

④住宅を取得してから6カ月以内に居住し、その後引き続き控除を受ける年末まで居住すること

※　個人が売主の中古住宅の場合には、一般住宅で１年間20万円、認定長期優良住宅で１年間30万円

100 子どもが破産してしまい土地を売却して返済しました。

保証債務を履行する際には特例がある

借金の保証人ともなれば、いつでも借金を肩代わりする準備が必要ですが、常に現金を用意しておけるとは限りません。子どもが借入金を払えなくなった際の保証債務について土地を売却した場合は、子どもに弁済する経済力がないなどの条件を満たす場合に限り、税金を課されずにすむ方法があります。

それには、①他人の債務を保証して、②その債務を履行するために資産を譲渡し、③その代金をもって主たる債務者の債務を履行した場合において、④その履行に伴う求償権が行使できないことになった時は、⑤その行使ができないことになった金額に限るという条件があります。

今回のように、親が子どもの保証人になった場合（民法446条）や連帯保証人（民法454条）だけでなく、連帯債務者や身元保証人、合名会社などの無限責任社員などでも制度利用が可能です。

この制度を利用するにあたっては、金銭消費貸借契約書、保証契約書、担保に提供した物件の登記簿謄本、抵当権設定契約書などで事実の確認を行う必要があります。この時に注意すべきことは、銀行等から借入れをした時、つまり、親が保証人になった時に子どもが借入金を弁済できる経済力があったにもかかわらず、その後の事業の業績が悪化したため借入金が弁済できなかった場合でなければいけません。そのためには会社の決算書や所得証明書などで借入時の弁済能力を証明できないといけません。また保証債務の履行であることを明確にするため、保証人への「支払い催促状など」を銀行から受領しておいたほうがよいとされています。

求償権が行使不能であることを証明しよう

保証人の親は、自分の借入金でないものを子どもの代わりに銀行へ弁済したのですから、親はまず主たる債務者である子どもに、銀行に肩代わりした保証債務の弁済を請求できる権利を持ちます。これを「求償権《きゅうしょうけん》」といいます。

この求償権を行使できない金額とは、一般に、①会社更生法、民事再生法、債権者集会などで明らかになった回収不能額や、②自己破産または自己破産状態の時の弁済不能額などのケースです。

反対に、求償権を行使できる金額とは、子どもに借入金を弁済できる能力が十分あるのに、親が子どものためだからといって、借入金の肩代わりを安易にする場合が考えられます。したがって、子どもの会社であれば、会社の財産状況が債務超過であり、経営不振による事業停止、倒産による事業休止、事業閉鎖など明確に求償権の行使が不可能な状態であるのがよいでしょう。事業を続けていると、求償権の行使ができるとして弁済可能額となり、結果として制度の利用ができないことになりますので、事業は止めたほうがよいと思います。

著者紹介

税理士法人　深代会計事務所（ふかしろかいけいじむしょ）

1985年深代勝美が深代会計事務所として創業、2002年に税理士法人深代会計事務所として法人化。過去の顧客が周囲に紹介することが多く35年間、確実に業績を伸ばしている。税理士法人事務所の売上ランキング（2019年11月時点）は全国で1,583社中16位、東京都で494社中11位。職員数は公認会計士・税理士33名を含め100名超。
なかでも資産税務を得意分野とし、相談窓口ひとつで解決できるオールイン体制をとり、「相続のプロ集団」ならではの提案型の税務は多くの個人資産家から支持を受けている。
とくに、税理士が申告した内容に責任を持つことで、いきなり納税者の調査を実施せずに税理士の意見を聞くことを税務署に約束させた「書面添付制度」を最大限に活用し、「税務調査を受けない申告書」の作成には定評がある。

〒170-0013
東京都豊島区東池袋1-17-8 NBF池袋シティビル7F
TEL: 03-3983-5424　FAX: 03-3983-8209
http://www.fukashiro-kk.or.jp/

【執筆者】

花島宣勝（はなじま・のぶかつ）　公認会計士・税理士
横山洋昌（よこやま・ひろまさ）　税理士
深代伸明（ふかしろ・のぶあき）　公認会計士・税理士
藁科暁教（わらしな・あきのり）
高橋光彦（たかはし・みつひこ）　税理士
小沢信彦（おざわ・のぶひこ）　税理士
青柳 聡（あおやぎ・おさむ）　税理士
土居 寛（どい・ゆたか）　税理士
飯濱 崇（いいはま・たかし）　税理士

編著者紹介

深代勝美（ふかしろ・かつみ）

公認会計士、税理士、行政書士
税理士法人深代会計事務所 理事長、（株）アンテックス代表取締役社長、経営コンサルタント。

1974 年、東洋大学卒業とともに公認会計士二次試験に合格。グローバルな環境で自分を鍛えるべく、世界有数の会計事務所であるデロイト・ハスキンズ＆セルズの日本事務所に入所。SEC 監査（米国証券取引所に上場されている会社の監査）にたずさわった。1985 年、深代会計事務所を設立、2002 年、税理士法人深代会計事務所として法人化。日本公認会計士協会東京会副会長なども務める。

土地資産をはじめ、事業承継、相続税などに造詣が深く、不動産の有効活用、法人利用による節税など、さまざまな角度から新鮮なとらえ方で、効果的な税務対策を追求。わかりやすくて軽快な解説が好評を博し、顧問先は、法人950 社、個人2,500 名に上る。

著書に『最適解のための事例詳説　相続税・贈与税 Q&A』（清文社）、『不動産の活用法、プロがきちんと教えます』『地主さん！ 土地活用、そのままでは大損です』『地主さん、その税金は払いすぎ！』（共著、あさ出版）、『失敗しないアパート経営と管理』（共著、三水社）がある。

【改訂《かいてい》２版《はん》】ゼロからはじめる相続《そうぞく》
必《かなら》ず知《し》っておきたいこと100

〈検印省略〉

2020年　9　月　26　日　第　1　刷発行

編著者――深代　勝美（ふかしろ・かつみ）
著　者――税理士法人 深代会計事務所
発行者――佐藤　和夫

発行所――株式会社あさ出版

〒171-0022　東京都豊島区南池袋 2-9-9 第一池袋ホワイトビル 6F
電　話　03 (3983) 3225（販売）
　　　　03 (3983) 3227（編集）
F A X　03 (3983) 3226
U R L　http://www.asa21.com/
E-mail　info@asa21.com
振　替　00160-1-720619

印刷・製本　美研プリンティング（株）

facebook　http://www.facebook.com/asapublishing
twitter　http://twitter.com/asapublishing

ISBN978-4-86667-237-3 C2034